Normierter Gewissensvorbehalt für Ärzte und Gesundheitspersonal

Karl Radner

Normierter Gewissensvorbehalt für Ärzte und Gesundheitspersonal

Rechtliche Aspekte

Fromm Verlag

Imprint

Any brand names and product names mentioned in this book are subject to trademark, brand or patent protection and are trademarks or registered trademarks of their respective holders. The use of brand names, product names, common names, trade names, product descriptions etc. even without a particular marking in this work is in no way to be construed to mean that such names may be regarded as unrestricted in respect of trademark and brand protection legislation and could thus be used by anyone.

Cover image: www.ingimage.com

Publisher:
Fromm Verlag
is a trademark of
Dodo Books Indian Ocean Ltd. and OmniScriptum S.R.L Publishing group
Str. Armeneasca 28/1, office 1, Chisinau-2012, Republic of Moldova, Europe

ISBN: 978-613-8-34914-3

Copyright © Karl Radner
Copyright © 2022 Dodo Books Indian Ocean Ltd. and OmniScriptum S.R.L Publishing group

Rechtliche Aspekte eines normierten Gewissensvorbehaltes für Ärzte und Gesundheitspersonal

Dr.Karl Radner, MA LL.M

INHALTSVERZEICHNIS

A. EINLEITUNG, PROBLEMSTELLUNG UND ÜBERBLICK 5
   I. Einleitung und Eingrenzung des Kernkonflikts 5
      1. Geschwindigkeit des medizinischen Fortschritts 6
      2. Leistungen vs. moralische Identität und Integrität des Arztes 6
      3. Den Kernkonflikt beeinflussende Faktoren 8
         a) Die individuelle Selbstbestimmung des Menschen
           als Gradmesser der Normierung 9
         b) Das Dilemma des demographischen Wandels 9
         c) Das Dilemma knapper medizinischer Ressourcen 9
         d) Das Dilemma ärztlicher Entscheidungen
           als *decisions among uncertainty* 10
   II. Wissenschaftliche Fragestellung 11
   III. Gang der Darstellung 11

B. DIE BERUFLICHE STELLUNG DES ARZTES UND
    SEINE PFLICHTENBINDUNG 12
   I. Der Beruf des Arztes als freier Beruf 12
      1. Skizzierung des ärztlichen Berufsbildes 12
      2. Definition der ärztlichen Behandlungsfreiheit 14
      3. Zulassung und Ausübung der ärztlichen Profession 15
      4. Einbeziehung des Gesundheitspersonals 16
      5. Zwischenergebnis 18
   II. Normative Determinanten der ärztlichen Berufsausübung 18
      1. Verfassungsrechtliche Determinanten 18
         a) Recht auf Leben iSd Art 2 EGRC 18
         b) Unversehrtheitsgarantie iSd Art 3 EGRC 19
           b.1) Allgemeine Gewährleistungsinhalte 19
           b.2) Das Prinzip der freien Einwilligung bei ärztlichen Eingriffen 21
         c) Unionale Zielsetzung eines hohen Gesundheitsschutzniveaus 21
         d) Individuelle Selbstbestimmung des Patienten 21
      2. Gesetzliche Regulierung der ärztlichen Berufsausübung 26
      3. Berufsständische Normierung der ärztlichen Berufsausübung 26
      4. Bindung des Arztes an medizinethische Prinzipien 26
         a) Medizinethische Prinzipien nach *Beauchamp/Childress* 26
           a.1) Das Prinzip der Autonomie 26
           a.2) Das Prinzip der Benefizienz 28
           a.3) Prinzip der Non-Malefizienz 29
           a.4) Prinzip der Gerechtigkeit 31
         b) Ergänzende medizinethische Prinzipien 31
   III. Die ärztliche Berufsausbildung im Kontext der Individualisierung 32
   IV. Zwischenergebnis 33

C. DIE ÄRZTLICHE GEWISSENSFREIHEIT ALS SCHRANKEN-SCHRANKE
    DER REGULIERUNG 35
   I. Philosophische und geistesgeschichtliche Grundlagen der Gewissensfreiheit 35
      1. *Augustinus* 35
      2. *Thomas von Aquin* 36
         a) Das Gewissen als „Grundstock prinzipieller sittlicher Einsicht"
           (*Synderesis*) 36
         b) Das Gewissen als konkretes Gewissensurteil (*Conscientia*) 36

II. Rechtsgrundlagen der Gewissensfreiheit 37
   1. Kodifizierung auf unionaler Ebene 37
   2. Kodifizierung im österreichischen Recht 38
III. Gewährleistungsinhalt 39
   1. Sachlicher Schutzbereich 39
      a) Moralische Identität und Integrität als sachliches Schutzgut 39
      b) Religiöser vs. säkular-neutraler Gewissensbegriff 39
      c) Innere vs. äußere Gewissensfreiheit 42
         (*forum internum* vs. *forum externum*)
   2. Personaler Schutzbereich 43
IV. Schutzrichtung 43
V. Schranken 44

D. GESETZLICHE KONKRETISIERUNG DER GEWISSENSFREIHEIT DURCH GEWISSENSVORBEHALTSKLAUSELN ZU GUNSTEN VON ÄRZTEN UND GESUNDHEITSPERSONAL 44
   I. Begriffliche Eingrenzung 44
   II. Dem Gewissensvorbehalt zugrundeliegender Kernkonflikt 46
      1. Kollision zwischen widerstreitenden verfassungsmäßigen Rechten 46
      2. *personal beliefs* vs. *professional duties* 47
      3. *Objection* vs. *obstruction* 47
      4. Zwischenergebnis 48
   III. Grundsätzliche Möglichkeiten zur Beilegung des Kernkonflikts 48
      1. Rechtspraktisches Bedürfnis für eine Auflösung des Kernkonflikts 48
      2. Ausgewählte Ansätze 49
         a) Inkompatibilitätsthese vs. Gewissensabsolutismus 49
         b) Die Inkompatibilitätstheorie von *J. Savalescu* 49
            b.1) Unvereinbarkeit des Gewissensvorbehalts
                 mit der ärztlichen Profession 49
            b.2) Kritische Reflexion des Ansatzes 50
         c) Die Theorie des *conscient absolutism* von *H.T. Engelhardt* 52
         d) Die Theorie von der Nichtexistenz eines Rechts auf amoralische
            Leistungen nach *C. Kazcor und M. Cherry* 52
         e) Die Informationstheorie nach *E. Pellegrino* etc. 52
      3. Kritische Reflexion der unterschiedlichen Ansätze 53
      4. Zwischenergebnis 54
         a) Grundsätzliches Recht auf Gewissensvorbehalt
            im Gesundheitswesen 54
         b) Zulässige interne vs. unzulässige externe Gründen für
            Gewissensvorbehalte 54
         c) Verpflichtung zum Hinweis auf alternative Anbieter 55
   IV. Geltende Normierungen des Gewissensvorbehalts 56
      1. Unionale Normierung 56
      2. Normierung im österreichischen Recht 57
         a) Diversität gesetzlicher Normen zur Sicherstellung
            von Nichtdiskriminierung 57
         b) Gewissensvorbehalte am Lebensanfang 58
            b.1) Ablehnung der Mitwirkung am Schwangerschaftsabbruch
                  nach § 97 Abs 2 StGB 58
            b.2) Verbot diskriminierender Kuranstaltsklauseln 60
            b.3) Maßnahmen der Präimplantationsdiagnostik 60
            b.4) Die spezielle Situation des Apothekers und
                  seine Dispensierpflicht 62

    c) Gewissensvorbehalte am Lebensende 64
        c.1) Sterbeverfügungsgesetz 64
        aa) Das individuelle Selbstverfügungsrecht
            als Ausgangspunkt 64
        bb) Sterbehilfe vs. Sterbebegleitung vs. Beihilfe zum Suizid ...65
        c.2) Sterbeverfügung vs. Patientenverfügung 66
        c.3) Beistand für Sterbende nach § 49a ÄrzteG 68
  V. Grenzen der Regulierung 70
    1. Erwägungen der Reziprozität 70
    2. Kollidierende Grundrechte höherer Schutzwürdigkeit 71
    3. Kein Recht zur Missionierung des Patienten (Verbot des *obstruction*) 71
    4. Aufklärungspflichten des Arztes hinsichtlich Versorgungsalternativen 72
    5. Bioethische Prinzipien von *Beauchamp/Childress* 73

E. SINNHAFTIGKEIT DER RECHTLICHEN NORMIERUNG
   DES GEWISSENSVORBEHALTS 73
  I. Aktualität der Fragestellung 73
  II. Erwägungen *gegen* die rechtliche Normierung 74
    1. Unverhältnismäßig eingeschränkter Zugang zur Medizin 74
    2. Förderung von Arbitrage-Effekten 74
    3. Unterminierung demokratisch legitimierter Liberalisierung der Medizin 74
    4. Schutz vor unverhältnismäßigem Paternalismus 76
  III. Erwägungen *für* einen rechtlich normierten Gewissensvorbehalt 76
    1. Hoher Stellenwert des Schutzes moralischer Integrität 76
    2. Eindämmung beruflicher Diskriminierung gläubiger Individuen 77
    3. Effektiver Schutz vor berufsspezifischer Degradierung 78
    4. Hoher Stellenwert kultureller und religiöser Integrität einer Gesellschaft 79
    5. Angemessene Ausweichmöglichkeiten und Alternativangebote 79
    6. Angemessener Schutz vor einer „Verrechtlichung" der Medizin 80
    7. Schutz vor einer Roboterisierung und Algorithmisierung der Medizin 81

F. GESAMTERGEBNIS, HANDLUNGSVORSCHLÄGE UND AUSBLICK 81
  I. Gesamtergebnis 81
  II. Handlungsvorschläge: Rechtstaatliche Implementierung
    des Gewissensvorbehalts 83
    1. Gewissenskatalog 83
    2. Gewissensregister 83
    3. Operationale Trennung von Aufklärung und Vollzug 84
  III. Ausblick 84

(Anlagen:)
LITERATURVERZEICHNIS 87
ABKÜRZUNGSVERZEICHNIS 104
RECHTSPRECHUNGSVERZEICHNIS 109

A. EINLEITUNG, PROBLEMSTELLUNG UND ÜBERBLICK

„Selbst durch die Methodik der Naturwissenschaften lässt sich nur eine denkerische Annäherung an die Wirklichkeit erreichen, weil streng genommen keine Verifizierung von Hypothesen, sondern nur ihre Falsifizierung und deshalb nur ein vermutetes Wissen möglich ist.

Karl Popper (1902-1994),
Logik der Forschung (1989)

I. Einleitung und Eingrenzung des Kernkonflikts

1. Geschwindigkeit des medizinischen Fortschritts

Das voranstehende Zitat des österreichischen, insbesondere von Königsberger Philosophen, ausgezeichneten Wissenschaftler der Königsberger Albertus-Universität (Albertina) *Immanuel Kant* (1724-1804) und Wegbereiter der abendländischen Aufklärung *Immanuel Kant* (1724-1804) mit seiner deontologischen Ethik[1] beeinflussten „Denkschule" unterstreicht, dass die sog. ärztliche Kunst in Abgrenzung zur medizinischen Wissenschaft zuvörderst in ihrer richtigen Anwendung auf eine bestimmte Patientin respektive einen bestimmten Patienten – im Folgenden: betroffene Person – und der Spezifität ihres/seines Falles besteht.[2] Jüngste Fortschritte im Bereich der Medizin haben bei manchen Hoffnungen geweckt, neuartige therapeutische Verfahren insbesondere auf den Gebieten der Digitalisierung sowie der KI[3] könnten die Vision von einem Leben unabhängig vom natürlichen Alterungsprozess schon bald Wirklichkeit werden lassen.[4] Schon jetzt wird in Teilen der wissenschaftlichen Forschung mit Cyborgs[5] experimentiert - „Kreuzungen" von menschlichen Individuen und Robotern. Doch ist es im Hinblick auf eine Weltbevölkerung[6] von bald 8 Mrd. Menschen und die Endlichkeit der natürlichen Ressourcen unseres Planeten, auf die der *Club of Rome* mit seinem Bericht „Die Grenzen des Wachstums" schon 1972 hingewiesen hat, überhaupt erstrebenswert, alles medizinisch Mögliche auch Realität werden zu lassen? Die Frage stellt sich umso mehr, als dass sich aus Sicht des Jahres 2022 – ein halbes Jahrhundert später – resultierende Verteilungskonflikte mit hoher Wahrscheinlichkeit weiter verschärfen dürften. Allein die Geschwindigkeit, mit der ein Vakzin gegen das SARS-Cov2-Virus entwickelt wurde, mutet rekordverdächtig an. Nicht zuletzt dürfte sie durch die weltweite, teils interdisziplinäre Vernetzung von medizinischen Akteuren (Ärzte, Forscher, Wissenschaftler

---

[1] Zum Konfliktverhältnis zwischen deontologischer und utilitaristischer Ethik Vgl *Joerden* in Hilgendorf/Joerden, Rechtsphilosophie (2017) 327 (329 f.).
[2] Vgl *Becker* in Bormann/Wetzstein, Gewissen (2014) 493 (500).
[3] Der auf *John McCarthy* (*1927) und *Alan M. Turing* (1912-1954) zurückgehende Begriff der Künstlichen Intelligenz rekurriert auf die Verhaltensmerkmale eines Menschen, die als intelligent einzuordnen wären, wenn sie die eines Menschen wären; Vgl *Keßler*, MMR 2017, 589 (589); unter Bezugnahme auf *Turing*, Machinery and Intelligence (2007) 1; Zur Bedeutung in der ärztlichen Entscheidungsfindung: *Ganzger/Vock*, JMG 2019, 153.
[4] Zur Haftung für Trainingsdaten Künstlicher Intelligenz: *Zech*, GesR 2021, 482 ff
[5] Zur Definition des Cyborgs Vgl *Nassehi*, Muster, 2019, 64; Zu rechtlichen Behandlung technischer Erhaltung und Optimierung körperlicher Funktionen: *Hornung/Sixt*, CR 2021, 828 ff
[6] Zur Weltbevölkerung im 21. Jahrhundert: https://de.statista.com/statistik/daten/studie/1717/umfrage/prognose-zur-entwicklung-der-weltbevoelkerung/; zuletzt abgerufen am 23.03.2022.

etc.) infolge der Digitalisierung bedingt sein. Seit dem 19. Jahrhundert sind entscheidende Verbesserungen der medizinischen Versorgung gelungen. Sinnbildlich hierfür stehen Mediziner wie *Emil von Behring* (1854-1917), *Robert Koch* (1843-1910) und *Rudolf Virchow* (1821-1902) – allesamt epochale Wegbereiter der medizinischen Forschung, die um Wende zum 20. Jahrhundert an der Berliner *Charité*[7] gewirkt haben. Beispielhaft für den medizinischen Fortschritt im 21. Jahrhundert stehen die Biochemikerin *Emmanuelle Charpentier* und die Molekularbiologin *Jennifer A. Doudna*, die im Jahre 2020 den Nobelpreis für Chemie für ihre Genome-Editing-Methode *CRISPR/Cas9* (sog. Gen-Schere[8]) erhalten haben – ein Verfahren, das hochpräzise Veränderungen der DNA von Tieren, Pflanzen und Mikroorganismen ermöglicht.[9] Insbesondere in der Onkologie kann die Computer- und Magnetresonanztomographie (CT/MRT) helfen, medizinisch relevante Aufzeichnungen schneller auszuwerten. KI-Anwendungen sind in allen Bereichen „auf dem Vormarsch".

2. Leistungszugänglichkeit vs. moralische Identität und Integrität des Arztes

Ungeachtet der vorskizzierten Entwicklungen erscheint auch in der Informationsgesellschaft[10] *prima facie* ein Verständnis des behandelnden Arztes – im Folgenden: der Arzt[11] – als mündiges Subjekt vorzugswürdig, dessen berufliche wie personale Identität und Integrität eines besonderen Schutzes bedürfen.[12] Sie sind allein deshalb angemessen zu schützen, um im Kontext einer zunehmend pluralisierten und säkularisierten Gesellschaft der Individualität der betroffenen Person und der Spezifität des ärztlichen Behandlungsmandats Rechnung zu tragen.[13] So kann sich der Arzt bei seiner Berufsausübung grundsätzlich auf die Gewissensfreiheit iSd Art 9 Abs 1 EMRK iVm Art 14 Abs 1 StGG – im Folgenden: Gewissensfreiheit[14] – berufen. In Anbetracht ihres verfassungsrechtlichen Schutzes durch Art 10 Abs 1 S. 1 EGRC, Art 9 Abs 1 S. 1 EMRK und Art 14 Abs 1 Var. 2 StGG stellt sich vorliegend die Frage nach der Sinnhaftigkeit des rechtlich normierten Gewissensvorbehalts (*conscientious objection*[15]) – im Folgenden: GV –, der am Beispiel von Ärzten und (nicht-) medizinischem Gesundheitspersonal untersucht und verdeutlicht werden soll.

Angesprochen ist die Frage nach einer möglichst kohärenten Steuerung des Zielkonflikts zwischen dem allgemeinen Zugang zu medizinischen Gesundheitsdienstleistungen (MGD),

---

[7] https://www.charite.de; zuletzt abgerufen am 23.03.2022.
[8] Einführend zur Gen-Schere: *Herden,* DIE WELT v. 08.10.2020, 20.
[9] Vgl *N.N.,* Auszeichnung in Chemie (2020).
[10] Fortgeschrittene Phase der ökonomischen und sozialen Gesellschaft, in der die Informations- und Kommunikationsleistungen im Vergleich zu vorindustriellen und „traditionellen" Produkten essenziell sind; Vgl *Klodt,* Informationsgesellschaft; *Heckmann/Paschke* in Heckmann/Paschke, jurisPK-Internetrecht (2021) Rn. 1.
[11] Ausschließlich im Hinblick auf den Darstellungsumfang wird vorliegend davon abgesehen, weibliche und männliche Berufsträger jedes Mal eigens explizit anzusprechen, ohne hiermit eine Wertung zu intendieren. Inhaltlich sind alle Geschlechter gleichermaßen angesprochen, wenn vom „Arzt" die Rede ist.
[12] Vgl *Herdegen* in Merten/Papier, Grundrechte IV (2011) § 98, Rn. 12.
[13] Vgl *Schaupp* in Bormann/Wetzstein, Gewissen (2014) 3 ff
[14] Zu aktuelle Fragen zur Gewissensfreiheit im Gesundheitsbereich: *Kummer,* Imago Hominis 2016, 79.
[15] Vgl *Hofmann,* ZfME 2021, 493 (493).

dem beruflichen Selbstverständnis des Arztes als freier Beruf und der Verteidigung seiner Deutungshoheit gegenüber algorithmischen Systemen, Operationsrobotern und KI-Anwendungen, die den mitfühlenden Arzt nicht ersetzen, sondern ihn funktional *unterstützen* sollen, wo es der betroffenen Person zugutekommt. In jüngerer Zeit stellt sich die Frage nach der Sinnhaftigkeit des GV allein im Lichte des vorskizzierten gesellschaftlichen Wandels, der die individuelle Selbstbestimmung und Autonomie der betroffenen Person stärker ins Zentrum der ärztlichen Berufsausübung rückt.[16] Sinnbildlich hierfür steht die höchstrichterliche Judikatur sowohl des *VfGH*[17] vom 11.12.2020 als auch des *BVerfG*[18] vom 26.02.2020 zur Verfassungswidrigkeit der Strafbarkeit der geschäftsmäßigen Sterbehilfe.[19] Obgleich sie sich auf die Rechtslage in Österreich nicht „eins zu eins" übertragen lässt, steht außer Zweifel, dass sich die Beziehung zwischen dem Arzt und der betroffenen Person auch hierzulande im Fluss befindet.[20] Dabei gilt es schon *prima facie* zu konstatieren, dass die Zielsetzung eines hohen Gesundheitsschutzniveaus (Art 35 S. 2 EGRC iVm Art 168 Abs 1 AEUV) eingedenk der bioethischen Bindung des Arztes an das Benefizienzprinzip (*bonum facere*[21]) im Zweifel nur auf Heilbehandlungen, nicht hingegen auf „Wunschbehandlungen" erstreckt, die den Patientenwillen blindlings vollstrecken. Gleichwohl: Die Zuerkennung eines Spielraums zur individuellen Ausgestaltung des Arztberufes, um den es bei der rechtlichen Normierung eines GV geht, erscheint schon bei summarischer Betrachtung *de facto* geboten, um der Individualität der betroffenen Person Rechnung zu tragen. Seine Nivellierung hingegen könnte darauf hinauslaufen, dass der Pluralität einer Gesellschaft nicht mehr genügend Rechnung getragen wird und es zu Störungen der medizinischen Versorgung kommt. Selbst in der Informationsgesellschaft ist der Arzt als mitfühlendes „Wesen" auch nicht obsolet geworden. Insbesondere gilt dieses angesichts des demographischen Wandels, der die Ärzteschaft zunehmend mit Krankheitsbildern konfrontiert, die sich mit medizinischem Wissen allein nicht bewältigen lassen, sondern ihr soziale, emotionale und seelsorgerische Kompetenzen abverlangen. Jeder medizinische Fall ist anders gelagert und verlangt eine Feinsteuerung, die über den Vollzug des aktuellen Standes der medizinischen Wissenschaft weit hinaus gehen kann. Angesichts der unionalen Zielsetzung eines hohen Gesundheitsschutzniveaus wäre es deshalb kontraproduktiv, sie ungeachtet ihres freien Berufs und ihres Wissens zu bloßen „Vollzugsroboter" gesetzlicher und berufsständischer Anforderungen zu degradieren.
Vor diesem Hintergrund geht es vorliegend um den Konflikt zwischen der beruflichen Stellung des Arztes als (grundsätzlich) freier Beruf, der staatlichen Pflicht zur Organisation einer

---

[16] Zur Bedeutung der Autonomie für die Beurteilung von Suizidbeihilfe: *Hofmann,* Imago Hominis 2021, 187.
[17] VfGH 11.12.2020, G139/2019 (G139/2019-71), https://www.vfgh.gv.at.
[18] Vgl BVerfG 26.02.2020, 2 BvR 2347/15 etc.; BVerfGE 153, 182 ff; betreffend die Verfassungswidrigkeit des § 217a dStGB.
[19] Vgl hierzu *Höfling,* GesR 2021, 351 ff; Zu den historischen und medizinischen Hintergründen der Sterbehilfe-Debatte: *Frewer/Eickhoff,* Ethik (2000) 1.
[20] Rechtsvergleich der Sterbehilfe in Deutschland und Österreich mit Blick auf das BVerfG: *Huber,* JMG 2020, 67.
[21] Dieses verlangt von den medizinischen Berufsträgern (Ärzte, Mediziner, Pflegekräfte etc.), ihre beruflichen wie persönlichen Fähigkeiten bestmöglich für die betroffene einzusetzen; Vgl *Hildt,* Autonomie (1996) 19.

angemessenen, zuverlässigen und störungsfreien medizinischen Versorgung (*professional duties*) und dem Schutz der moralischen Identität und Integrität des Arztes als menschliches Individuum (*personal beliefs*).[22] Dieser ist unmittelbar verknüpft mit der Frage nach dem grundsätzlichen Verhältnis zwischen der ärztlichen Therapiefreiheit, die ursprünglich bei dem Berufsausübenden selbst lag, im digitalen Zeitalter indessen zunehmend mit dem – ebenso wie die Gewissensfreiheit verfassungsrechtlich geschützten – Recht der betroffenen Person auf individuelle Selbstbestimmung (ISR[23]), das in Österreich jedenfalls auf Grund von Art 8 Abs 1 iVm Art 1 EGRC geschützt ist, und ihrem Recht kollidiert, selbstbestimmt über den eigenen Körper zu verfügen. Zu Beginn des menschlichen Lebens geht es insbesondere um In-Vitro-Fertilisation (IVF), Präimplantationsdiagnostik (PID[24]), die ärztliche Mitwirkung am Schwangerschaftsabbruch und die „Pille danach"[25]. Am Lebensende kann den Arzt die Mitwirkung am Vollzug einer Patientenverfügung und Maßnahmen der Sterbehilfe treffen.[26]

3. Den Kernkonflikt beeinflussende Faktoren
a) Die individuelle Selbstbestimmung als Gradmesser der Normierung

Im Kontext der Informationsgesellschaft ist selbst medizinisches Wissen aus allgemein zugänglichen Quellen von jedermann zu jeder Zeit von jedem Ort aus abrufbar. Angesichts der Ubiquität[27] des Digitalen und der hierdurch vorangetriebenen „Vor-Aufklärung" der medizinischen Nachfrager durch Anbieter wie *„Dr. Google"*, die Online-Enzyklopädie *Wikipedia* oder digitale Sprachassistenten (*Siri*, *Alexa* etc.) steht die Therapiefreiheit des Arztes als „Kern der ärztlichen Profession[28]" zunehmend im Konflikt mit der individuellen Selbstbestimmung.[29] Informationsasymmetrien zwischen Ärzten und betroffenen Personen scheinen sich zu nivellieren. Das tradierte Verständnis des Arztes unterliegt infolgedessen einem grundlegenden Wandel von einer ursprünglich fürsorgenden Autorität zum hierarchisch gleichgeordneten medizinischen Dienstleister (*medicine as a service,* MaaS).[30] So stellt sich die Frage nach der Sinnhaftigkeit der Umsetzung des medizinisch Machbaren umso mehr, als dass der Arzt in Anbetracht des § 31 ÄrzteG grundsätzlich einen freien Beruf ausübt, in dessen Zentrum sein Heilbehandlungsauftrag (*in dubio pro vita*[31]) steht. Zwar er auf Grund des ISR – diese ist Gradmesser der Normierung – und des ebenso geschützten Selbstverfügungsrechts der betroffenen Person über den eigenen Körper *einerseits* verpflichtet, der betroffenen Person

---

[22] Vgl *Schaupp* in Bormann/Wetzstein, Gewissen (2014) 3 (10).
[23] Vgl VfGH 11.12.2020, G139/2019 (G139/2019-71).
[24] Zur PID: *Bender,* Politische Studien Sonderheft 1/2002, 20 ff; *N.N.,* Deutsches Ärzteblatt v. 13.11.2020, A 2210.
[25] Vgl *Hofmann,* ZfME 2021, 493 (494); *Schaupp* in Bormann/Wetzstein, Gewissen (2014) 3 (3).
[26] Vgl *Rixen* in Bormann/Wetzstein, Gewissen (2014) 65 (66); Zu Entscheidungen am Lebensende in der Notfall- und Intensivmedizin: *Ragaller,* Imago Hominis 2001, 265.
[27] Mit dem Begriff der Ubiquität ist vorliegend die Allgegenwärtigkeit des Digitalen in nahezu sämtlichen Lebensbereichen angesprochen, dh seine Querschnittsbedeutung.
[28] Vgl *Laufs* in Laufs/Kern, Handbuch des Arztrechts (2019) III, Rn. 13.
[29] Vgl *Ziegler,* GesR 2021, 483 (485).
[30] Vgl *Deutsch/Spickhoff,* Medizinrecht (2014) Rn. 19; *Ziegler,* GesR 2021, 483 ff
[31] Vgl *Schmidt,* WZ v. 07.02.2014.

im Rahmen der Anamnese unter Berücksichtigung der Diagnose umfassend über die medizinischen Möglichkeiten aufzuklären und *ergebnisoffen* zu informieren. Angesichts seines beruflichen Selbstverständnisses ist der Arzt auch im Informationszeitalter kein bloßer „Vollzugsroboter" weder des Patientenwunsches noch gesetzlicher oder berufsständischer Anforderungen.[32] Ungeachtet ihrer Determinierung durch gesetzliche und berufsständische Normen unterliegt seine Berufsausübung medizinethischen Prinzipien, die als Erkenntnisquelle für das ärztliche Ethos und die hier zu diskutierende Frage nach der Sinnhaftigkeit des GV essenziell sind. Entstehungsgeschichtlich reichen sie vom Hippokratischen Eid des griechischen Arztes *Hippokrates von Kos* (460-370 a. Chr. n.) über die deontologische Ethik *Immanuel Kants* bis zu den medizinethischen Prinzipien der US-Amerikanischen Bioethiker *Tom L. Beauchamp* und *James F. Childress,* deren Standardwerk „Principles of biomedical ethics[33]" aus dem Jahre 1979 auch im Kontext von PID und ärztlich begleiteter Sterbehilfe als grundlegend gelten darf. So muss ein Verständnis des Arztes als ein dem Wunsch der betroffenen Person einseitig untergeordneter Dienstleister, der sich jederzeit, von jedem Ort aus und ganz nach den Vorstellungen des medizinischen Nachfragers per Mausklick aktivieren lässt – das österreichische Recht verbietet die Telemedizin[34] nicht explizit –, ungeachtet der Komplexität[35] des im IPS-Kontext befremdlich anmuten.

b) Das Dilemma des demographischen Wandels

Zumal der demographische Wandel das Verhältnis zwischen dem Angebot und der Nachfrage medizinischer Leistungen grundlegend verändert, stellt sich gleichwohl die Frage, in welchen Grenzen sich ein Arzt auf seine Gewissensfreiheit berufen kann, ohne sich den Vorwurf des Paternalismus[36] oder der unterlassenen Hilfeleistung entgegenhalten zu müssen. Eine paternalistische Medizin kontrastiert zum abwägenden Konzept (*shared decision model,* SDM), bei dem Arzt und betroffene Person gemeinsam über die diagnostische und therapeutische Methode entscheiden.[37] Im IPS-Kontext kann eine gemeinsame Entscheidung realistisch nur gelingen, wenn dem Arzt eine größtmögliche Freiheit vor Fremdbestimmung belassen ist. Der GV erscheint *prima facie* gerade auch deshalb sinnvoll.

c) Das Dilemma knapper medizinischer Ressourcen

Nicht nur die Diskussion über eine allgemeine Impfpflicht, sondern Verteilungskonflikte[38] hinsichtlich knapper medizinischer Ressourcen (Impfstoffe, Beatmungsgeräte, PCR-Tests

---

[32] Zur Entmenschlichung der Medizin durch Kommerzialisierung: *Osterloh,* Deutsches Ärzteblatt v. 11.02.2022.
[33] Vgl *Beauchamp/Childress,* Biomedical ethics (2013) 1.
[34] Zur Zulässigkeit telemedizinischer Behandlung: UVS Wien 30.01.2012, UVS-06/9/2829/2010-23; *Lexer,*RdM 2020, 255; *Ploier,* JUU 2015, 19 (19).
[35] Vgl *Kalb/Riss* in Resch/Wallner, Medizinrecht (2020) XXXV, Rn. 74.
[36] Vgl *Borowsky* in Meyer, Charta (2019) Art 3, Rn. 44.
[37] Vgl *Ziegler,* GesR 2021, 483 (487).
[38] Vgl *Zimmermann/Acklin* in Bormann/Wetzstein, Gewissen (2014) 421 ff

etc.) – sog. Triage-Situationen – stehen sinnbildlich dafür, dass längst nicht alle medizinethischen Fragen geklärt. Insbesondere zeigt sich dieses bei neuen, gesetzlich (noch) nicht regulierten Behandlungsverfahren (Off-Label-Use[39] etc.). Nicht zu allen medizinethisch relevanten Fragestellungen existiert eine Empfehlung einer Ethik-Kommission oder eines berufsständischen Verbandes. So ist der Arzt in der konkreten medizinischen Entscheidungssituation nicht selten auf sich allein gestellt und muss auch insoweit nach seinem Gewissen entscheiden, ob eine Behandlungsoption sowohl medizinisch als auch medizinethisch vertretbar ist. Medizinethische „Leitplanken[40]" erscheinen umso dringlicher, als dass es in der konkreten Entscheidungssituation nicht selten um Leben oder Tod geht und ein zügiges und dennoch couragiertes ärztliches Handeln verlangt ist. Nicht nur aus Patientensicht ist sie umso bedenklicher, als dass Leben und gesundheitliche Integrität sowohl in der unionalen als auch der österreichischen Rechtsordnung an der Spitze der Normenhierarchie stehen. Unional wird ihr Stellenwert durch die Schutzpflicht für das Leben iSd Art 2 EGRC – im Folgenden: Lebensschutzpflicht – als integraler Teil des österreichischen Verfassungsrechts, die Unversehrtheitsgarantie iSd Art 3 EGRC – im Folgenden: Unversehrtheitsgarantie – und die unionale Zielsetzung eines „hohen Gesundheitsschutzniveaus" unterstrichen.

d) Das Dilemma ärztlicher Entscheidungen als *decisions among uncertainty*

Allein auf Grund der Individualität der betroffenen Person und der Spezifität seines Befundes stellen sich ärztliche Entscheidungen typischerweise als Entscheidungen unter Ungewissheit (*decisions among uncertainty*[41]) dar, zumal es darum geht, abstraktes Wissen auf einen neuen Fall zu übertragen, der allein auf Grund der Spezifität des menschlichen Genoms mit Unwägbarkeiten behaftet ist. Es wird dem ärztlichen Heilbehandlungsauftrag nicht gerecht, wenn dieser sich darin erschöpfen würde, medizinisches Wissen „blindlings" anzuwenden, ohne die Persönlichkeit der betroffenen Person zu erfassen. Vielmehr trifft den Arzt auf Grund seines freien Berufes eine unvertretbare moralische Verantwortung in komplexen und teils nicht regulierten Entscheidungssituationen.[42] Ungeachtet beeindruckender Fortschritte in der Medizin verbleiben ärztliche Entscheidungen auch im digitalen Umfeld *decisions among uncertainty*. Angesichts der Spezifität des Behandlungsmandats sind sie notwendigerweise mit Prognosen und Bewertungsspielräumen verknüpft. Die COVID-19-Pandemie und die Diskussion über eine allgemeine Impfpflicht sowohl in Österreich als auch in unserem Nachbarland Deutschland hat dieses erneut ins öffentliche Bewusstsein gerückt.[43]

---

[39] Vgl OGH 23.04.2014, OGH 10 Ob S 26/14t; veröffentlicht unter https://rdb.manz.at/document/ris; zuletzt abgerufen am 28.04.2022.
[40] Kritisch zum Beitrag von Leitlinien, Richtlinien und Checklisten: *Pirich/Wehringer*, DAG 2018, 7.
[41] Vgl *Kahneman/Tversky*, Judgment under uncertainty (1982) 1.
[42] Vgl *Lintner*, Ethica 25 (2017) 125 (129).
[43] Zur Prävention gegen COVID-19 im Alten- und Pflegeheim und seinen Grenzen: *Stöger*, RdM 2022, 93.

II. Wissenschaftliche Fragestellung

So gilt es vorliegend zu klären, inwieweit der GV für Ärzte und die ärztliche Berufsausübung unterstützendes Gesundheitspersonal isd § 49 Abs 3 ÄrzteG (Assistenten, Fahrbereitschaftsdienste, Reinigungskräfte etc.) unter den Bedingungen der Informationsgesellschaft und des demographischen Wandels sinnvoll ist. Auf Grund seiner verfassungsrechtlichen Bindung an die Gewissensfreiheit muss der Gesetzgeber gerade im medizinischen Bereich darauf hinwirken, dass der Einzelnen angesichts schwerer Gewissenskonflikte an diesen „vorbeigeführt" oder das resultierende Konfliktpotenzial jedenfalls minimiert wird.[44] Ein rechtspraktisches Bedürfnis hierfür besteht umso mehr, als dass es sich bei der ärztlichen Berufstätigkeit angesichts des Dienstes unmittelbar am Menschen und im Hinblick auf den medizintechnischen Fortschritt um eine zutiefst rechtsethisch durchdrungene Materie handelt. Ein Weg zur Bewältigung der resultierenden Konflikte führt über die Implementierung von Gewissensklauseln.[45] Den Lebensbeginn betreffend, lässt sich als prominentes Beispiel § 6 Abs 3 KAKuG anführen, wonach kein Arzt an einer Krankenanstalt gegen sein Gewissen gezwungen werden darf, an einer Abtreibung mitzuwirken.[46] Keinen uneingeschränkten GV lässt die jüngere Judikatur des Obersten Gerichtshofes (OGH[47]) hingegen bei der Vornahme von Bluttransfusionen gelten.[48] So besteht ein hohes praktisches Bedürfnis, sich wissenschaftlich mit der Sinnhaftigkeit des GV für Ärzte und Gesundheitspersonal auseinanderzusetzen. Zuvörderst geht es um eine Auflösung des Konflikts zwischen dem ISR, dem persönlichen Recht der im Gesundheitswesen Wirkenden auf Gewissensfreiheit und dem Auftrag des Staates, auf eine hochwertige, zuverlässige und jedermann zugängliche medizinische Versorgung hinzuwirken. Eine wissenschaftliche Auseinandersetzung mit den resultierenden Fragen ist umso mehr geboten, als dass das Zivilgericht Stadt Leuven im EU-Mitgliedstaat Belgien selbst nach dem Inkrafttreten der EGRC entschieden hat, dass katholische Kliniken und Pflegeeinrichtungen der betroffenen Person den Zugang zur Euthanasie nicht versagen dürften.[49]

III. Gang der Darstellung

Im Anschluss auf das einleitende erste Kapitel soll im zweiten Kapitel („Die berufliche Stellung des Arztes und seine Pflichtenbindung") auf die grundsätzliche gesellschaftliche Stellung des Arztes als freier Beruf eingegangen werden, soweit es für das allgemeine Verständnis erforderlich erscheint, und die gesetzlichen Schranken seiner Berufsausübung eingegangen werden. Inwieweit wird die ärztliche Berufsfreiheit durch verfassungsrechtliche,

---

[44] Vgl *Berka/Binder/Kneihs*, Grundrechte (2019) 413; *Kalb/Potz/Schinkele*, Religionsrecht (2003) 52.
[45] Vgl *Schinkele*, Gewissensgebot (2003) 448
[46] Vgl *Berka/Binder/Kneihs*, Grundrechte (2019) 413.
[47] OGH 22.06.2011, 2 Ob 219/10 K (*Verweigerung der Blutkonserve durch Zeugen Jehovas*).
[48] Zur Ablehnung von Fremdblut und Organtransplantation: *Heissenberger*, RdM 2022, 107.
[49] Vgl *Kummer*, Gewissensfreiheit im Gesundheitsbereich (2016) 79 (80).

einfachgesetzliche, berufsständische und medizinethische Normen beschränkt? Dieses gilt es allein deshalb zu klären, um feststellen zu können, welche Spielräume ihm überhaupt zur individuellen Ausgestaltung seines Berufs verbleiben. Im dritten Kapitel („Die ärztliche Gewissensfreiheit als Schranken-Schranke der Regulierung"), das einen ersten Darstellungsschwerpunkt setzen soll, wird im Anschluss darauf eingegangen, inwieweit die Gewissensfreiheit einen unantastbaren Kernbereich der ärztlichen Berufsfreiheit schützt. Insbesondere um einer unverhältnismäßigen Verrechtlichung des Arztberufes entgegenzuwirken, die zu besorgen wäre, wenn der Arzt zu einem bloßen „Vollzugsroboter" staatlicher Rechtsnormen herabgestuft würde und im Hinblick auf das Ziel einer angemessenen und störungsfreien medizinischen Versorgung nicht hinnehmbar wäre, erfährt die Gewissensfreiheit in Österreich verfassungsrechtlichen Schutz und wirkt zuvörderst als ein individuelles Abwehrrecht gegen eine unverhältnismäßige Regulierung des Arztberufs.[50] Im Umfeld zunehmender Individualisierung, Pluralisierung und Säkularisierung – im Folgenden: IPS-Kontext – muss der Begriff des Gewissens nicht religiös, sondern kann auch in einem säkularen Sinne verstanden werden. Das vierte Kapitel „Gesetzliche Konkretisierung der Gewissensfreiheit durch Gewissensvorbehaltsklauseln zu Gunsten von Ärzten und Gesundheitspersonal" setzt den zweiten Darstellungsschwerpunkt. Es beleuchtet den eigentlichen Kernkonflikt, um dessen Regulierung es bei Gewissensvorbehalten geht. Zugleich soll es grundsätzliche Möglichkeiten aufzeigen, wie sich die widerstreitenden Positionen in Einklang bringen lassen, bevor auf Gesetzesakte der Bundesrepublik Österreich eingegangen wird. Das fünfte Kapitel („Sinnhaftigkeit der rechtlichen Normierung des Gewissensvorbehalts") setzt einen weiteren Schwerpunkt, indem es nach der abstrakten Sinnhaftigkeit des GV fragt, wobei es Erwägungen für und gegen eine rechtliche Normierung formuliert. Es beleuchtet die Sinnhaftigkeit des GV in spezifischen Entscheidungssituationen zu Beginn und zum Ende des menschlichen Lebens. Im sechsten Kapitel („Gesamtergebnis, Schlussbetrachtung und Ausblick") folgen ein Resümee und ein Ausblick.

B. DIE BERUFLICHE STELLUNG DES ARZTES UND SEINE PFLICHTENBINDUNG

I. Der Beruf des Arztes als freier Beruf
1. Skizzierung des ärztlichen Berufsbildes

Um die Bedeutung des GV im IPS-Kontext zu unterstreichen, soll zunächst ein Blick auf die grundsätzliche Ausrichtung der ärztlichen Tätigkeit als freier[51] Beruf gerichtet werden.[52] Der Gleichheitsgrundsatz iSd Art. 20 EGRC, 2 StGG iVm Art7 Abs 1 B-VG – im Folgenden:

---

[50] Vgl *Lintner*, Ethica 25 (2017) 125 (128).
[51] Vgl *Quaas/Zuck/Clemens/Gokel*, Medizinrecht (2018) § 13, Rn. 5, 9.
[52] Zum allgemeinen gesellschaftlichen Wandel vgl bereits Darstellungspunkt A. I. 3. a).

Gleichheitsgrundsatz – impliziert die Unterschiedlichkeit eines jeden Mensch als individuelles Wesen und schützt seine spezifische Personalität und Individualität.[53] Vor diesem Hintergrund muss dem Arzt ein selbstverantwortetes berufliches Handeln möglich sein, um der Individualität der betroffenen Person, der Spezifität des Behandlungsmandats und der Zielsetzung iSd Art 35 S. 2 EGRC zu entsprechen. Zumal sich er sich dem BVerwG[54] zufolge in den entscheidenden Momenten seiner Tätigkeit in einer „unvertretbaren Einsamkeit" befindet, in denen er – gestützt auf sein fachliches Können – allein seinem Gewissen unterworfen ist, wird die ärztliche Heilbehandlungstätigkeit zutiefst vom Prinzip der Humanität durchdrungen.[55] Zwar lässt sich das Gewissen angesichts der Verpflichtung des Staates zur weltanschaulichen Neutralität nicht auf eine bestimmte (religiöse) Kategorie verengen.[56] Gleichwohl ist es vielfältig mit dem Prinzip der Humanität verwoben. Im IPS-Kontext bedeutet ein hohes Gesundheitsschutzniveau eingedenk der für den Beruf des Arztes erforderlichen Qualifikation, seine Berufsausübung nur bis zur Grenze des absolut Erforderlichen zu regulieren und ihm so viel Freiheit wie möglich zu belassen (*in dubio pro libertate*). Der GV kann allein auf Grund der Abwehrfunktion[57] der verfassungsrechtlich durch Art 9 Abs 1 EMRK iVm Art 14 Abs 1 StGG geschützten Gewissensfreiheit entscheidend dazu beitragen, sowohl den Arzt als auch die betroffene Person vor unverhältnismäßiger Fremdbestimmung zu schützen. Die Moralische Identität und Integrität des Arztes wird hierzu mit dem ISR der betroffenen Person in ein Verhältnis größtmöglicher praktischer Konkordanz gerückt. Ausgehend davon, dass grundsätzlich jedes Grundrecht den verfassungsimmanenten Schranken anderer Grundrechte unterliegt, sind die widerstreitenden Positionen dergestalt miteinander auszugleichen, dass jedes seinen optimalen Wirk- respektive Kernbereich entfalten kann.[58] Jedenfalls im originären Heilbehandlungsbereich ist der Arzt deshalb allein dem Willen der betroffenen Person sowie den gesetzlichen und berufsständischen Regeln seines Berufs unterworfen, ohne Weisungen von nichtärztlichem (Gesundheits-) Personal befolgen zu dürfen.[59] Dem römischen Recht (*salus aegroti suprema lex*) folgend, bestimmt der Heilbehandlungsauftrag als oberste Maxime des Arztes sein gesamtes Wirken.[60]

---

[53] VfGH 11.12.2020, G139/2019 (G139/2019-71), N 5.3.
[54] BVerwG 18.07.1967, I C 9.66; BVerwGE 27, 303 (305).
[55] Vgl *Laufs* in Laufs/Kern, Handbuch des Arztrechts (2019) I, Rn. 7; Zur Gewährleistung beim humanmedizinischen Behandlungsvertrag: OGH 22.3.2018, 4 Ob 208/17t; OGH 15.6.2016, 4 Ob 96/16w; OGH 17.9.2014, 7 Ob 143/14a; *Laimer*, RdM 2021, 98.
[56] Vgl *Berka/Binder/Kneihs,* Grundrechte (2019) 411; *Kalb/Riss* in Resch/Wallner, Medizinrecht (2020) XXXV, Rn. 75.
[57] Vgl *Grabenwarter/Frank* in Grabenwarter/Frank, B-VG (2020) EMRK Art 9, Rn. 4.
[58] Vgl *Ziegler*, GesR 2021, 483 (487).
[59] Vgl *Quaas/Zuck/Clemens/Gokel,* Medizinrecht (2018) § 13, Rn. 11; Zur Zulässigkeit sowie zu den Grenzen der Delegation und Vertretung bei der Erbringung ärztlicher Leistungen: *Debong,* ÄrzteR 2022, 33 ff
[60] Vgl *Laufs* in Kirchof/Träger, FS Geiger, 1989, 228.

2. Definition der ärztlichen Behandlungsfreiheit

Unter den die Profession des Arztes als grundsätzlich freier Beruf konstituierenden Normen sind allen voran die des ÄrzteG hervorzuheben.[61] Diesen zufolge ist der Arzt zur Ausübung der Medizin berufen (§ 2 Abs 1 ÄrzteG), wobei sein Beruf jede auf medizinisch-wissenschaftlichen Erkenntnissen begründete Tätigkeit unmittelbar am oder mittelbar für den Menschen umfasst (§ 2 Abs 2 ÄrzteG). Angesichts dieser weitgesteckten Definition steht es der Annahme eines sowohl nach seinem Selbstverständnis als auch der Spezifität seines Wirkens („Dienste höherer Art[62]") begründeten freien Berufes nicht prinzipiell entgegen, dass die selbständige Berufsausübung in Österreich nach der Klarstellung des § 3 Abs 1 ÄrzteG nur Ärzten für Allgemeinmedizin und Fachärzten vorbehalten ist. *Per definitionem* bedeutet selbständige Berufsausübung die eigenverantwortliche Ausführung der in § 2 ÄrzteG umschriebenen Tätigkeiten, und zwar freiberuflich oder in einem Dienstverhältnis (§ 3 Abs 2 ÄrzteG). Am Selbstverständnis des ärztlichen Berufes als grundsätzlich freie Profession ist ungeachtet der gesellschaftlichen Transformation von einer fürsorglichen Autorität zum MaaS-Dienstleister, dem im Zuge der Enhancement-Medizin des 21. Jahrhunderts neuartige Aufgaben erwachsen, auch im IPS-Kontext grundsätzlich festzuhalten.[63] Allein die Geschwindigkeit des medizinischen Fortschritts, die „Wissenschaftsoffenheit" und das Anliegen, Arbitrage-Effekte zu vermeiden, die aus der Zähigkeit des parlamentarischen Systems erwachsen – zu denken ist in diesem Zusammenhang beispielsweise an den Sterbehilfe- und Abtreibungstourismus[64] selbst innerhalb des unionalen Staatenbundes –, streitet vieles dafür, von einer Legaldefinition des Begriffs des freien Berufes abzusehen. Seine Wesensmerkmale dürften vornehmlich darin bestehen, dass seine Ausübung eine besondere berufliche Qualifikation respektive eine (überdurchschnittliche) schöpferische Begabung erfordert, und die (höchst-) persönliche, *eigenverantwortliche* sowie fachlich unabhängige Erbringung von Dienstleistungen höherer Art zum Gegenstand hat, deren Erbringung im Interesse sowohl der betroffenen Person als auch der Allgemeinheit liegt.[65] Geradezu prägend für die ärztliche Berufsausübung sind demnach ein hohes Maß an (Selbst-) Verantwortlichkeit mit eigenem, auch wirtschaftlichem Risiko und eine von Eigenverantwortung getragene Aufgabenwahrnehmung und therapeutischen Verantwortung für die betroffene Person.[66] Im Lichte der begrifflichen Eingrenzungen des freien Berufs des Arztes sind in Österreich lediglich in allgemeinmedizinischer oder fachärztlicher Ausbildung befindliche Ärzte (sog. Turnusärzte[67]) *nur* zur unselbständigen Berufsausbildung in Lehrpraxen, Lehrgruppenpraxen

---

[61] Vgl *Wallner* in Resch/Wallner, Medizinrecht (2020) XXI, Rn. 1.
[62] Vgl *Quaas/Zuck/Clemens/Gokel*, Medizinrecht (2018) § 13, Rn. 9.
[63] Vgl *Quaas/Zuck/Clemens/Gokel*, Medizinrecht (2018) § 13, Rn. 9.
[64] Zum Phänomen des Medizintourismus: *Deutsch*, VersR 2009, 1.
[65] Vgl *Quaas/Zuck/Clemens/Gokel*, Medizinrecht (2018) § 13, Rn. 9.
[66] Vgl *Quaas/Zuck/Clemens/Gokel*, Medizinrecht (2018) § 13, Rn. 10; unter Bezugnahme auf die Rechtsprechung des BVerfG 23.03.1960, 1 BvR 216/51; BVerfGE 11, 30 (den sog. Kassenarzt betreffend.).
[67] Vgl *Wallner* in Resch/Wallner, Medizinrecht (2020) XXI, Rn. 30, 91.

oder Lehrambulatorien berechtigt, wobei sie von einem Ausbildungsarzt instruiert und supervisiert werden (§ 3 Abs 3 ÄrzteG). Doch selbst wenn der Arzt seine Profession als selbständig praktizierender Arzt in ein Beschäftigtenverhältnis umwandelt oder ihr fortan in spezieller Funktion und Rechtsposition nachgeht, bleibt er Arzt iSd ÄrzteG, unterliegt weiterhin einschränkungslos dem ärztlichen Berufsrecht und kann die „ärztlichen Grundfreiheiten" für sich beanspruchen, allen voran die Therapiefreiheit hinsichtlich der Methodenwahl und Verfahrensqualität[68] sowie – jedenfalls nach der hier präferierten Rechtsansicht – die Gewissensfreiheit. In Anbetracht des zunehmend bedeutsameren ISR der betroffenen Person wird die ärztliche Therapiefreiheit gleichwohl durch den Behandlungsvertrag begrenzt.[69] Anders als das deutsche Recht, das diesen seit dem Inkrafttreten PatRG in §§ 630a bis 630h BGB definiert, unterliegt seine Qualifizierung im österreichischen Recht im Rahmen der im allgemeinen Vertragsrecht vertypten Verträge.[70]
Soweit vorliegend Kontext von der Natur des Arztes als ein freier Beruf die Rede ist, soll dieses das für die ärztliche Profession charakteristische Merkmal unterstreichen, dass er im Rahmen seiner Heilbehandlungtätigkeit Unabhängigkeit genießt und keinen Weisungen unterworfen ist, ohne dass es darauf ankommt, in welchem Rechtsverhältnis und in welcher Rechts-, Organisations- oder sonstigen wirtschaftlichen Form er seinem Beruf nachgeht.[71] Anders gewendet: In jeden Bereichen, in denen der Arzt spezifisch ärztlich tätig wird, ist er – abgesehen von fachlichen Instruktionen hierarchisch übergeordneter Chef- respektive Oberärzte – weder berufsfachlichen Weisungen noch arbeitsvertraglichen Anordnungen von nichtärztlichem Personal unterworfen.[72] Zumal es weder im Interesse der betroffenen Person noch der Allgemeinheit läge, seiner medizinischen Kerntätigkeit „Fesseln" anzulegen, könnte es angesichts der Ökonomisierung der Arztberufs und im Hinblick auf die Marktmacht überregionaler Klinikbetreiber und Pharmakonzernen *de lege ferenda* geboten sein, die Rechts- und Organisationsform strenger von seiner Heilbehandlungtätigkeit abzuschirmen.

3. Zulassung und Ausübung der ärztlichen Profession

Die Zulassung zum Arztberuf betreffend, womit die Gesamtheit der gesetzlichen Vorschriften zur Regelung der Erteilung, Zurücknahme und zum Verlust der Approbation sowie zur Ausübung der ärztlichen Berufsausübung[73] angesprochen ist, setzt diese *einerseits* das Innehaben der österreichischen Staatsangehörigkeit, Eigenberechtigung und persönliche Vertrauenswürdigkeit des Approbanten voraus (allgemeine Berufszulassungsvoraussetzungen). *Andererseits* bedarf es der akademischen[74]

---

[68] Vgl *Laufs* in Laufs/Kern, Handbuch des Arztrechts (2019) I, Rn. 30 und 42.
[69] Vgl *Ziegler*, GesR 2021, 483 (483).
[70] Vgl *Jesser-Huß* in Resch/Wallner, Medizinrecht (2020) III, Rn. 3.
[71] Vgl *Quaas/Zuck/Clemens/Gokel*, Medizinrecht (2018) § 13, Rn. 10.
[72] Vgl *Andreas/Debong/Bruns*, Arztrecht (2001) Rn. 41; *Debong*, ÄrzteR 2022, 33 ff
[73] Vgl *Quaas/Zuck/Clemens/Gokel*, Medizinrecht (2018) § 13, Rn. 1.
[74] Vgl *Quaas/Zuck/Clemens/Gokel*, Medizinrecht (2018) § 13, Rn. 1.

Mindestqualifikation (Doktorat, Ausbildungsdiplom etc.) sowie der praktischen Ausbildung zum Facharzt oder Allgemeinmediziner (§ 4 Abs 1 ÄrzteG) und des Eintrags in die Ärzteliste. Die Ausübung des Arztberufes betreffend, ist insbesondere dem durch § 49 ÄrzteG definierten Pflichtenprogramm statusbildende Bedeutung zuzumessen. Demnach hat der Arzt die betroffene Person im Rahmen von Beratung und Behandlung gewissenhaft zu betreuen (§ 49 Abs 1 S. 1 ÄrzteG), sich zum „Wohl der Kranken" sowie zum „Schutz der Gesunden" laufend fortzubilden (§ 49 Abs 1 S. 2 ÄrzteG) und seinen Beruf im Zweifel (höchst-) persönlich und unmittelbar auszuüben (§ 49 Abs 2 ÄrzteG). Allein im Hinblick auf das durch § 4 Abs 1 ÄrzteG definierte Anforderungsprofil ist es ihm im Zweifel untersagt, eine medizinische Kerntätigkeit, die sich ohne Vorhandensein der ärztlichen Mindestqualifikation nicht nach den anerkannten Regeln ärztlicher Kunst (*de lege artis*[75]) erbringen lässt, auf eine andere Person zu delegieren.[76] „Sonstige" Leistungen hingegen dürfen grundsätzlich auch auf nichtärztliches Personal delegiert werden.[77] Jedenfalls hat der Arzt seinen Heilbehandlungsauftrag *de lege artis* zu erfüllen, um sich nicht wegen Körperverletzung iSd § 83 ff StGB und/oder unterlassener Hilfeleistung iSd § 95 StGB strafbar zu machen.[78] Eingedenk des § 49 Abs 2 ÄrzteG, wonach der Arzt seine Tätigkeit allenfalls in (gleichgeordneter) Zusammenarbeit mit anderen Ärzten ausüben darf, ist ihm in engen Grenzen eine horizontale Arbeits- und Aufgabenverteilung vornehmlich nach dem Kriterium der spezielleren Qualifikation erlaubt.[79]

4. Einbeziehung des Gesundheitspersonals

Allein angesichts der zunehmenden Spezialisierung und Technisierung des Gesundheitswesens ist die Erbringung ärztlicher Leistungen im 21. Jahrhundert ohne das arbeitsteilige Zusammenwirken sowohl zwischen Ärzten unterschiedlicher medizinischer Fachrichtungen als mit nichtärztlichem Personal realistisch nicht vorstellbar.[80] Ist hiernach nach der Sinnhaftigkeit des GV sowohl für den Arzt als auch für (nichtärztliches) Gesundheitspersonal gefragt, darf der Arzt unter engen Voraussetzungen medizinisches Assistenzpersonal respektive Hilfspersonen[81] in die Erfüllung seines Behandlungsmandats einbinden. Mit dem Begriff des Gesundheitspersonals sind in Österreich Hilfspersonen aller Art (diplomiertes Pflegepersonal, Operationshilfen, Psycho- und Physiotherapeuten etc.) angesprochen. Zu den Hilfspersonen, auf die der Arzt zwecks Unterstützung seines Behandlungsmandats zurückgreifen kann, zählen namentlich Hilfspersonen iSd § 49 Abs 3 ÄrzteG, in Ausbildung befindliche Studierende der Medizin oder Zahnmedizin iSd § 49 Abs

---

[75] Zur Behandlung *de lege artis*: UVS Wien 30.01.2012, UVS-06/9/2829/2010-23.
[76] Vgl *Debong*, ÄrzteR 2022, 33 ff; *Wagner/Kreimer* in Resch/Wallner, Medizinrecht (2020) XXIV, Rn. 60 ff
[77] Vgl *Debong*, ÄrzteR 2022, 33 (38)
[78] Vgl *Quaas/Zuck/Clemens/Gokel*, Medizinrecht (2018) § 13, Rn. 50.
[79] Zu den Auswirkungen des deutschen MoPeG auf ärztliche Kooperationen: *Ratzel*, GesR 2022, 137.
[80] Vgl *Debong*, ÄrzteR 2022, 33 (38).
[81] Zur Strafbarkeit von nichtärztlichen Hilfspersonen: *Küper*, JuS 1981, 785.

4 und 5 ÄrzteG (sog. Famulanten[82]) sowie Schüler und Praktikanten. § 49 Abs 3 ÄrzteG lässt hierbei im Einzelfall auch eine Übertragung ärztlicher Tätigkeiten auf Angehörige anderer Gesundheitsberufe, gesetzlich geregelter nichtärztlicher Gesundheitsberufe (DentG, HebG, GuKG, SanG, PThG etc.) oder noch in Berufsausbildung befindliche Personen zu. Hierunter hervorzuheben ist insbesonder der die Kompetenzen bei medizinischer Diagnostik und Therapie regelnde § 15 GuKG hervorzuheben. Nach § 1 GuKG ist unter den Gesundheits- und Krankenpflegeberufen zwischen dem gehobenen Dienst für Gesundheits- und Krankenpflegeberufe (§§ 1 Z 1, 12 ff GuKG), der Pflegefachassistenz (§ 1 Z 2 GuKG) und der Pflegeassistenz (§ 1 Z 3 GuKG) zu differenzieren. Nach der Klarstellung des § 15 Abs 1 GuKG umfassen die Kompetenzen des gehobenen Dienstes für Gesundheits- und Krankenpflege bei medizinischer Diagnostik und Therapie die *eigenverantwortliche* Durchführung medizinisch-diagnostischer und medizinisch-therapeutischer Maßnahmen und Tätigkeiten nach ärztlicher Anordnung. Jedenfalls dem Grundsatz nach dürfen die vorgenannten Personen im Zweifel nur zu (medizinisch) untergeordneten Tätigkeiten herangezogen werden, dh. Nur die ärztliche Tätigkeit unterstützend respektive vor- und nachbereitend wirken dürfen. Soweit der Arzt zulässigerweise Studierende der Medizin in die Erfüllung seines Behandlungsmandats einbindet, ist es ihnen bei gleichzeitiger Wahrung der Delegationsanforderungen iSd § 49 Abs 2 ÄrzteG erlaubt, die Anamnese zu erheben (§ 49 Abs 5 Z 1 ÄrzteG), einfache physikalische Krankenuntersuchungen einschließlich von Blutdruckmessungen durchzuführen (§ 49 Abs 5 Z 2 ÄrzteG), Blut aus der Vene zu entnehmen (§ 49 Abs 5 Z 3 ÄrzteG), intramuskuläre und subkutane Injektionen zu verabreichen (§ 49 Abs 5 Z 4 ÄrzteG) und bei anderen ärztlichen Tätigkeiten Hilfe zu leisten (§ 49 Abs 5 Z 5 ÄrzteG). So ist es den Hilfspersonen iSd § 49 ÄrzteG (strengstens) untersagt, ärztliche Tätigkeiten selbst unbeaufsichtigt durchzuführen. Dem Grundsatz *culpa in eligendo, instruendo et custodiendo* folgend, hat der Arzt sie angesichts des Grundsatzes der höchstpersönlichen Leistungserbringung möglichst genau zu instruieren, wobei sie der kontinuierlichen Aufsicht des Arztes unterworfen sein müssen. Bei Realisierung eines Haftpflichtschadens muss er darlegen und beweisen, welche (konkreten) organisatorischen Maßnahmen er ergriffen hat, um die den nach Umständen gebotene Aufklärung sicherzustellen und die Behandlung zu kontrollieren.[83] Fehler seiner Gehilfen muss er sich nach § 1313a ABGB zurechnen lassen. Für eine wirksame Delegation ist es demnach entscheidend, dass die Verwendungen *erstens* vom Tätigkeitsbereich des jeweiligen Gesundheitsberufes umfasst sind, der Arzt *zweitens* die Verantwortung für die (konkrete) Anordnung trägt und die ärztliche Aufsicht *drittens* allenfalls entfällt, wenn es gesetzlich nicht explizit vorgesehen ist.

---

[82] Vgl *Jesser-Huß* in Resch/Wallner, Medizinrecht (2020) III, Rn. 17.
[83] Vgl *Debong,* ÄrzteR 2022, 5 (8); Zur zivilrechtlichen Haftung des Arztes für Behandlungsfehler in Österreich: *Juen,* Arzthaftungsprozess (2005) 1.

5. Zwischenergebnis

Zwar unterstreichen die Zielsetzung iSd Art 35 S. 2 EGRC und die Unversehrtheitsgarantie, dass es sich bei der medizinischen Versorgung um eine *gesamtgesellschaftliche* Aufgabe handelt. Im Zweifel ist die medizinische Versorgung in ihrer Gesamtheit sicherzustellen.[84] Bestimmte Normierungen und Standardisierungen sind allein deshalb wichtig, um das allgemeine Grundvertrauen in die ärztliche Berufsausübung schon in der Phase der Anamnese zu stärken. Für das ISR der betroffenen Person, ihre Autonomie[85] und das Vorliegen einer informierten Einwilligung (*informed consent[86]*, *consentement libre et éclairé*) sind sie essenziell. Jedenfalls wenn sie ohne Einwilligung oder ausreichende Aufklärung behandelt wurde und ihr hieraus nachteilige Folgen erwachsen, haftet der Arzt selbst bei *de lege artis* erfolgtem Eingriff, wenn sie ansonsten nicht in die Behandlung nicht eingewilligt hätte.[87] Selbst wenn das ÄrzteG dieses nicht ausdrücklich klargestellt, streiten die gesetzliche Aufgabenbeschreibung des Arztes iSd § 2 ÄrzteG, sein Pflichtenprogramm iSd § 49 ÄrzteG, die idR höchstpersönliche Leistungserbringung und die strengen Anforderungen an eine Delegation ärztlicher Leistungen dafür, dass der Arzt auch im arbeitsteiligen Umfeld des 21. Jahrhunderts einen freien Beruf ausübt. Nach § 2 Abs 2 ÄrzteG übt er seine Tätigkeit unmittelbar am Menschen oder mittelbar für den Menschen aus. Infolge seiner Berufsausbildung iSd §§ 5 bis 15 ÄrzteG hat er eine *spezialisierte*, der des Gesetzgebers überlege Expertise zur Ausübung von Diensten höherer Art erworben.[88]

II. Normative Determinanten der ärztlichen Berufsausübung

1. Verfassungsrechtliche Determinanten

a) Recht auf Leben iSd Art 2 EGRC

Aus der Lebensschutzpflicht iSd Art 2 Abs 1 EGRC und dem Gleichheitsgrundsatz erwächst bei dem Zugang zur staatlich organisierten Gesundheitsversorgung *einerseits* ein subjektives Recht auf gleichheitsgerechte, diskriminierungsfreie Teilhabe.[89] *Andererseits* ist das Recht, selbstbestimmt über das eigene Leben und die eigene körperliche Integrität zu entscheiden, jedenfalls nach der Sterbehilfe-Judikatur des VfGH[90] respektive des BVerfG unabhängig vom Prämissen und Kriterien zu gewährleisten, die von Dritten normiert wurden.[91]

---

[84] Vgl *Sichert* in Schwarze, EU-Kommentar (2019) GRC Art 35, Rz. 10.
[85] Zum medizinethischen Prinzip der Autonomie: *Marckmann*, ÄBW 12/2000; *Maio* in Maio, Ethik (2017) 5.
[86] Vgl *Lintner*, Ethica 25 (2017) 125 (127); *Pepelnik*, Ethische Aspekte (2020) 2, 5.
[87] VfGH 11.12.2020, G139/2019 (G139/2019-71), N 3.2; OGH 18.12.2019, 5 Ob 179/19p; OGH 25.01.1990, 7 Ob 727/89; OGH 07.02.1989, 1 Ob 713/88.
[88] Zu den ethischen und rechtlichen Pflichten des medizinischen Experten: *Enko*, SPWR 2018, 59.
[89] Vgl *Sternberg-Lieben*, MedR 2020, 627 (629).
[90] VfGH 11.12.2020, G139/2019 (G139/2019-71).
[91] Vgl *Höfling*, GesR 2021, 351 (353).

b) Unversehrtheitsgarantie iSd Art 3 EGRC

b.1) Allgemeine Gewährleistungsinhalte

Dem normativen Individualismus[92] folgend, wird die Menschenwürdegarantie iSd Art 1 EGRC – im Folgenden: Menschenwürdegarantie – bereichsspezifisch durch die Unversehrtheitsgarantie konkretisiert.[93] Im Zusammenspiel mit der Menschenwürdegarantie begründet es das Recht, selbstbestimmt über den eigenen Körper bestimmen zu können und sich ohne seinen freien Willen keinem ärztlichen Eingriff unterziehen zu müssen.[94] Das für das österreichische Recht prägende, an der Menschenwürdegarantie ausgerichtete Menschenbild wird durch weitere gesetzliche Gewährleistungen konkretisiert, darunter das Recht auf würdevolles Sterben (§ 5a KAKuG), auf pietätsvollen Umgang mit dem toten menschlichen Körper (§§ 16, 17 AGBG iVm § 62a Abs 1 KAKuG) und auf Schutz der Totenruhe (§ 190 StGB). Der Arzt darf die betroffene Person auf Grund der horizontalen Drittwirkung der Menschenwürdegarantie nicht zum Objekt seiner Behandlung machen, sondern muss sie in die Lage versetzen, selbst über die Durchführung der Behandlung, ihr Ob und Wie zu entscheiden.[95] Das ISR der betroffenen Person muss sich dem medizinischen Fortschritt und der Therapiefreiheit des Arztes nicht bedingungslos unterordnen.[96] *Einerseits* verleiht die Unversehrtheitsgarantie jedem Menschen das Recht auf körperliche und geistige Unversehrtheit. *Andererseits* sind seine Verhaltensvorgaben nach dem Gesetzeswortlaut des Art 3 Abs 2 EGRC („insbesondere") nicht abschließend kodifiziert, sondern entwicklungsoffen, um medizinethischen Standards wie jenen des BioMedÜ Rechnung tragen zu können. Nach dem geltenden Art 3 Abs 2 EGRC ist im Rahmen der Medizin und Biologie *insbesondere* die freie Einwilligung des Betroffenen nach vorheriger Aufklärung[97] (*informed consent, consentement libre et éclairé*) entsprechend den gesetzlich festgelegten Einzelheiten (Art 3 Abs 2 lit a) EGRC) zu beachten. Eine Aufklärung ist im Zweifel vor jeder Behandlungsmaßnahme erforderlich.[98] Angesichts des hohen Stellenwerts physischer und psychischer Integrität sind weiters die Verbote iSd Art 3 Abs 2 lit b) EGRC (Verbot eugenischer Praktiken), Art 3 Abs 2 lit c) EGRC (Verbot jeglicher Kommerzialisierung des menschlichen Körpers) und Art 3 Abs 2 lit d) EGRC (Verbot des *reproduktiven* Klonens) zu beachten. Zumal es sich im Falle der medizinischen Versorgung idR um ein Massengeschäft handelt, in dem es angesichts der Zielsetzung iSd Art 35 S. 2 EGRC infolge von Rechtsunsicherheiten seiner Regulierung zu funktionalen Einbußen kommen kann, erfährt die

---

[92] Zum normativen Individualismus: *Von der Pfordten*, Normativer Individualismus; *Von der Pfordten/Kähler*, Normativer Individualismus (2014) 1.
[93] Zur Situation der Patientenrechte in Österreich: *Aigner*, RdM 2000, 77.
[94] Vgl *Frenz*, Handbuch Europarecht (2012) Rn. 973.
[95] Vgl *Ziegler*, GesR 2021, 483 (484); bezugnehmend auf das PatRG, BT-Drucks, 17/10488, 23 (zu § 630d BGB).
[96] Vgl *Ziegler*, GesR 2021, 483 (488).
[97] Zu den Grundstrukturen der Patientenaufklärung: *Damm*, Interprofessionelles Beratungsrecht; Zu den Auswirkungen des PatRG auf die biomedizinische Forschung: *Lindner/Schlögl-Flierl*, GesR 2020, 8.
[98] Vgl *Debong*, ÄrzteR 2022, 5 (5).

Unversehrtheitsgarantie durch Art 3 Abs 2 EGRC eine weitere Konkretisierung. Angesichts der Zielsetzung iSd Art 35 S. 2 EGRC ist es geboten, die medizinische Versorgung in der EU kontinuierlich zu verbessern.[99] Das anzustrebende hohe Schutzniveau rekurriert auf die angemessene Verfügbarkeit neuester medizinischer, technischer und wissenschaftlicher Erkenntnisse, selbst wenn sie unter dem Vorbehalt des wirtschaftlich Zumutbaren steht.[100] Eingedenk der Verwurzelung der Menschenwürdegarantie im christlichen Menschenbild, dem das Gebot zu entnehmen ist, die Grundlagen der Schöpfung unangetastet zu lassen und sich keine „göttliche Stellung" anzumaßen, sowie der historischen Zäsur des Nationalsozialismus und der von seinen Herrschern praktizierten Euthanasie sind eugenische Praktiken nach Art 3 Abs 2 lit b) EGRC untersagt.[101] *Per definitionem* geht es um (vorgeburtliche) Interventionen in das menschliche Erbgut, die dieses in eine bestimmte Richtung verändern oder „optimieren" sollen. Eugenische Praktiken sollen die naturgegebenen Anlagen des menschlichen Individuums steuern und „verbessern" – das menschliche Individuum wird nicht so belassen, wie es ist und sich bei natürlichem Fortgang entwickelt hätte.[102] In Anbetracht seines Gesetzeswortlauts („insbesondere") das Eugenikverbot iSd Art 5 Abs 2 lit b) EGRC im Zweifel umfassend[103] zu verstehen. Seine beispielhafte Nennung des Verbots der Selektion von Personen, die in der europäischen Geschichte nicht selten aus einer weltanschaulichen und/oder ideologischen Motivation erfolgte, lässt sich gleichwohl ansatzweise eine Differenzierung herauslesen, die Anhaltspunkt einer Unterscheidung nach dem Zweck der eugenischen Intervention sein könnte. Dient die Intervention der vorgeburtlichen Früherkennung von (Erb-)Krankheiten[104] und dem Anliegen, sie im Rahmen des medizinisch Möglichen zu eliminieren, um der betroffenen Person postnatal ein beschwerdefreies Leben zu ermöglichen, so könnte allein das bioethische Prinzip, ihre Lebenssituation zu verbessern[105] für (begrenzte) Ausnahmen vom Eugenikverbot streiten. § 3a Abs 2 ESchG lässt deshalb Ausnahmen vom Verbot der PID zu, soweit die Intervention dem Anliegen dient, die Weitergabe einer schwerwiegenden Erbkrankheit nach dem allgemeinen Stand der medizinischen Wissenschaft und Technik zu unterbinden. Ungeachtet des Grundsatzes der individuellen Selbstbestimmung über den eigenen Körper darf angesichts des Gesetzeswortlauts des Art 3 Abs 1 EGRC, der von Unversehrtheit und nicht von Identität spricht, davon ausgegangen werden, dass es idR im Interesse eines Menschen liegt, sein Leben ohne körperliche, geistige und seelische Einschränkungen führen zu können. Allein um den Menschen davor zu bewahren, dass Teile seines Körpers geradezu „verramscht" werden, kodifiziert Art 3 Abs 2 lit c) EGRC das Verbot, den menschlichen Körper und Teile davon als

---

[99] Vgl *Voet van Vormizeele* in Schwarze, EU-Kommentar (2019) GRC Art 36, Rn. 12.
[100] Vgl *Voet van Vormizeele* in Schwarze, EU-Kommentar (2019) GRC Art 36, Rn. 12.
[101] Zur tiefen kontinuierlichen Sedierung als „Verdeckte Euthanasie": *Bobbert/Knapp*, Ethica 25 (2017) 307.
[102] Vgl *Borowsky* in Meyer, Charta (2019) Art 3, Rn. 45.
[103] Vgl *Borowsky* in Meyer, Charta (2019) Art 3, Rn. 42.
[104] Zur Funktion des Krankheitsbegriffs ärztlichen medizinischen Sinne: *Lanzerath*, Ärztliches Handeln (2000) 1.
[105] Vgl *Marckmann*, ÄBW 12/2000; bezugnehmend auf *Beauchamp/Childress*, Biomedical ethics (2013) 1.

solche zu nutzen, um Gewinne zu generieren.[106] Der Judikatur des *EuGH*[107] bleibt der menschliche Körper auch im Umfeld der Biotechnologie *de facto* „unverfügbar und unverwertbar". Zumal bei Zulassung eines kommerziellen Organhandels zu befürchten wäre, dass international operierende marktmächtige Konzerne versuchen könnten, an menschliche Körperteile zu gelangen, konkretisiert das Kommerzialisierungsverbot nicht nur die Menschenwürdegarantie. Es steht im Zusammenhang mit dem Verhältnismäßigkeitsprinzip, wonach sich die Intensität staatlicher Schutzpflichten grundsätzlich an der Schutzwürdigkeit des Regelungssubstrats zu orientieren hat. Eine Entnahme von Teilen des menschlichen Körpers beeinträchtigt allgemein nicht nur die Unversehrtheitsgarantie, sondern kann sich lebensbedrohlich auswirken. Art 2 Abs 1 EGRC räumt dem Lebensschutz eine Priorität ein, die sich nach der hier vertretenen Rechtsansicht nicht von der Menschenwürde abstrahieren lässt. Die Menschenwürdegarantie bleibt dabei vergleichsweise abstrakt und vermag sich als dynamisches Konzept erst in ihrer Wechselwirkung mit den vorherrschenden gesellschaftlichen Wertvorstellungen zu entfalten, die typischerweise dem Wandel unterliegen.[108] Im Hinblick auf den Gesetzeswortlaut der Unversehrtheitsgarantie iSd Art 3 Abs 2 EGRC („insbesondere") und angesichts ihrer Rechtsnatur als bereichsspezifische Konkretisierung der Menschenwürdegarantie für den *gesamten* Bereich der Medizin gilt nichts anderes für die Gewährleistungsinhalte der Unversehrtheitsgarantie. Zumal jeder statische Ansatz auf eine paternalistische[109] Regulierung hinausliefe und der Menschenwürdegarantie widerspräche, ist die Unversehrtheitsgarantie entwicklungsoffen gefasst.[110] Im Hinblick auf die Zielsetzung iSd Art 35 S. 2 EGRC und darauf, dass die Unversehrheitsgarantie nur einen Mindeststandard kodifiziert, kann es in Zeiten des gesellschaftlichen Umbruchs wie der COVID-19-Pandemie geboten sein, bei der Anwendung und Auslegung nicht nur bioethische und medizinethische Prinzipien[111] einfließen zu lassen, sondern dem Gewissen des Arztes schon auf gesetzlicher Ebene mehr Raum zu verschaffen.

b.2) Das Prinzip der freien Einwilligung

Nach Art 3 Abs 2 lit a) EGRC gilt es im Rahmen der Medizin und Biologie *insbesondere* die freie Einwilligung des Betroffenen nach vorheriger Aufklärung entsprechend den gesetzlich festgelegten Einzelheiten zu beachten. Zumal das Prinzip des *informed consent* angesichts seines Gesetzeswortlauts („insbesondere") anderen biomedizinischen und medizinethischen Prinzipien zugänglich ist, begründet Art 3 Abs 2 lit a) EGRC eine Verpflichtung, die betroffene Person vor einer medizinischen Intervention angemessen über deren Zweck, Folgen

---

[106] Zur Ethik der Organtransplantationen: *Ach/Anderheiden/Quante,* Ethik der Organtransplantation (2000) 1.
[107] Vgl *EuGH,* Urteil v. 09.10.2001, Rs. C-377/98 (*Biopatent-Richtlinie*) EuR 2002, 67 (76).
[108] Vgl *Voet van Vormizeele* in Schwarze, EU-Kommentar (2019) GRC Art 1, Rn. 6.
[109] Zum paternalistischen Modell vgl bereits Darstellungspunkt A. I. 3. b).
[110] Vgl *Borowsky* in Meyer, Charta (2019) Art 3, Rn. 41.
[111] Zu den medizinethischen Prinzipien: *Beckmann,* Ethik (1996) 1; *Wiesing/Ach/Bormuth/Marckmann,* Ethik in Medizin (2000) 1.

und Risiken aufzuklären (Art 5 S. 2 BioMedÜ). Im Zweifel muss sich die Aufklärung vor allem auf Art, Umfang, Durchführung, voraussichtliche Auswirkungen und Risiken der angedachten Maßnahme sowie ihre Notwendigkeit, Eignung, Dringlichkeit und Erfolgsaussichten sowohl im Hinblick auf die Diagnose als auch die Therapie erstrecken.[112] Grundsätzlich ist eine Aufklärung „im Großen und Ganzen" unter Berücksichtigung des allgemeinen Sprachgebrauchs gefordert.[113] Gleichwohl obliegt es dem Arzt, die betroffene Person über seltene Risiken wie die Gefahr von Lähmungen oder dauerhaften Nervenschädigungen aufzuklären, soweit sie eingriffsspezifisch sind und die Lebensführung der betroffenen Person im Falle ihrer Aktualisierung voraussichtlich gravierend belasten.[114] Verletzungen der Pflicht zur therapeutischen Information gelten als Behandlungsfehler.[115]

Eine den vorskizzierten Anforderungen entsprechende Aufklärungspflicht liegt ebenso den international anerkannten, medizinethischen und medizinwissenschaftlichen GCP-Kriterien zugrunde, die der informierten Einwilligung höchste Priorität zumessen. Es handelt sich um einen *internationalen* rechtsethischen wissenschaftlichen Standard für die Planung, Durchführung, Dokumentation und Berichterstattung von klinischen Studien am Menschen. Im Ansatz zielen die in der GCP formulierten Grundsätze darauf ab, grenzüberschreitende biomedizinische Standards zu definieren und den länderübergreifenden Austausch medizinischer Forschungserkenntnisse durch ein verlässliches Regelwerk zu flankieren. Der Begriff der betroffenen Person iSd Art 3 Abs 2 lit a) EGRC ist dabei weiter zu verstehen als der des Patienten und soll selbst Probanden einbeziehen, bei denen ein ärztlicher Eingriff nicht indiziert ist.[116] Die freie Einwilligung ist hiernach Prämisse *jeglichen* medizinischen Eingriffs. Die EGRC kodifiziert die Pflichten, die ärztlicherseits zur Wahrung des Prinzips der freien Einwilligung zu beachten sind, weder *expressis verbis* noch abschließend. Erforderlich ist nach der Judikatur des *EuGH*[117] eine Zustimmung in voller Kenntnis der Sachlage. Dem Prinzip des normativen Individualismus folgend, sind in Anbetracht der Menschenwürdegarantie selbst irrationale und unvernünftige Entscheidungen zu akzeptieren.[118] Zu fordern ist angesichts des Gesetzeswortlauts des Art 3 Abs 2 lit a) EGRC („*freie* Einwilligung") eine dem ärztlichen Eingriff vorausgehende Anamnese, deren Umfang sich *einerseits* nach dem Informationsbedürfnis der betroffenen Person ausrichtet, das namentlich nach ihrem Alter, beruflichem Hintergrund und Kulturkreis divergieren kann.[119] Sie bestimmt sich *andererseits* nach Art und Umfang der medizinischen Intervention. Grundsätzlich sind die Anforderungen an die Anamnese als Prämisse einer informierten und

---

[112] Vgl *Debong,* ÄrzteR 2022, 5 (6).
[113] Vgl *Debong,* ÄrzteR 2022, 5 (6).
[114] Vgl *Debong,* ÄrzteR 2022, 5 (6).
[115] Vgl *Debong,* ÄrzteR 2022, 5 (5).
[116] Vgl *Jarass* in Jarass, GRCh (2021) Art 3, Rn. 9.
[117] Vgl *EuGH,* Urteil v. 09.10.2001, Rs. C-377/98, EuZW 2001, S 691 ff (Rn. 78).
[118] Vgl *Borowsky* in Meyer, Charta (2019) Art 3, Rn. 44.
[119] Zur Kultivierung des Gewissens: *Prat,* Imago Hominis 2001, 265.

aufgeklärten Einwilligung umso höher anzusetzen, je umfassender und schwerwiegender der Eingriff ist. Zumal es sich um auch unional allgemein anerkanntes Rechtsprinzip[120] handelt, belässt der Gesetzeswortlaut des Art 3 Abs 2 EGRC („insbesondere") im Rahmen der Verpflichtung zur angemessenen Aufklärung Anwendungsspielraum für den Grundsatz der Verhältnismäßigkeit, der nach hier vertretener Rechtsansicht in der Menschenwürdegarantie und dem Gleichheitsgrundsatz wurzelt. Die biomedizinischen Verhaltensanforderungen iSd Art 3 Abs 2 EGRC („muss Folgendes beachtet werden") sind dualer Rechtsnatur.[121] Obgleich ihr rechtssystematischer Zusammenhang mit der Unversehrtheitsgarantie als ein Anhaltspunkt gewertet werden darf, die Verhaltensanforderungen iSd Art 3 Abs 2 EGRC als ein subjektives Recht zu qualifizieren, streitet ihr Gesetzeswortlaut („muss…beachtet werden") dafür, sie vornehmlich als objektive, nicht nur von Ärzten und Hilfspersonen iSd § 49 ÄrzteG, sondern von *sämtlichen* medizinischen Berufsträgern einzuhaltende Verhaltensgrundsätze einzuordnen, die für ihr berufliches Ethos bedeutsam und geradezu statusbildend sind.[122] Hierfür streitet auch ihr Rezeptions- und Begründungszusammenhang.[123] Zutreffend erscheint eine Qualifizierung als biomedizinische Schutzstandards, die die Unversehrtheits- und die Menschenwürdegarantie bereichsspezifisch konkretisieren, ihre Wirkung im Rahmen der Gefahrenprävention entfalten und letztlich auch strafrechtlich abzusichern sind.[124] Das medizinisch elementare, Art 16 FCC nachempfundene Prinzip der freien Einwilligung (*consentement libre et éclairé*) stößt an Grenzen, wenn die betroffene Person angesichts fehlender Einsichts- und Urteilsfähigkeit zur aufgeklärten und freien Einwilligung nicht imstande sind. Hier gilt es angesichts des Gesetzeswortlauts des Art 3 Abs 2 EGRC („insbesondere") ggf. auf bioethische Grundsätze zurückzugreifen, wie sie das BioMedÜ, die UNESCO-Deklaration und die Deklaration von Helsinki[125] kodifizieren.

c) Unionale Zielsetzung eines hohen Gesundheitsschutzniveaus
Angesichts der Zielsetzung iSd Art 35 S. 2 EGRC ist jedermann ein subjektives Teilhabe- und Leistungsrecht auf ärztliche Versorgung eingeräumt.[126] Erfasst ist die gesamte medizinische Versorgung.[127]

---

[120] Vgl *EuGH*, Urteil v. 16.12.2008, Rs. C-127/07 (*Arcelor Atlantique et Lorraine*) Slg. 2008, I-9895 (Rn. 47).
[121] Vgl *Borowsky* in Meyer, Charta (2019) Art 3, Rn. 41.
[122] Grundlegend zum Berufsethos ärztlicher Berufsträger: *Dörner*, Der gute Arzt (2000) 1.
[123] Vgl *Borowsky* in Meyer, Charta (2019) Art 3, Rn. 41.
[124] Vgl *Borowsky* in Meyer, Charta (2019) Art 3, Rn. 41.
[125] Ethische Grundsätze für die medizinische Forschung am Menschen (Deklaration von Helsinki); Vgl hierzu *Klinkhammer*, Deutsches Ärzteblatt v. 28.01.2005, A 176.
[126] Vgl *Sichert* in Schwarze, EU-Kommentar (2019) GRC Art 35, Rn. 9; zum Grundrechtsschutz in der Pandemie mit Blick auf die Verteilung medizinischer Ressourcen: *Kämmerer/Jischkowski*, GesR 2020, 341 ff; Zur Menschenwürde und zum ISR bei der Medizin am Lebensende: *Duttge/Steuer*, MedR 2020, 838.
[127] Vgl *Sichert* in Schwarze, EU-Kommentar (2019) GRC Art 35, Rn. 10.

d) Individuelle Selbstbestimmung des Patienten

Allein angesichts ihrer rechtssystematischen Stellung zu Beginn ihres Grundrechtekatalogs liegt der Menschenwürdegarantie das Bekenntnis zur individuellen Selbstbestimmung des Einzelnen zugrunde, das im Zentrum der unionalen Normenhierarchie steht und dem Prinzip des normativen Individualismus folgt, wie er vom britischen Arzt und Philosophen *John Locke* (1632-1704), von *Immanuel Kant* (1724-1804) und vom britischen Staatstheoretiker *Thomas Hobbes* (1588-1679) vertreten wurde.[128] Danach lassen sich sämtliche Pflichten und Werte letztlich allein durch die Anknüpfung an alle betroffenen Individuen und ihre Eigenschaften rechtfertigen.[129] Nach dem im normativen Individualismus verorteten Individualprinzip können nur Individuen Ausgangspunkt der vornehmlichen Verpflichtung und rechtfertigender Fixpunkt ethischer Prinzipien sein, nicht hingegen Kollektive oder holistische Entitäten wie die Nation, die Familie oder das Ökosystem.[130] Das menschliche Individuum steht im Zentrum sämtlicher rechtsethischen Prinzipien. Als integrale Bestandteile seines allgemeinen Persönlichkeitsrechts iSd § 16 ABGB (APR[131]) werden seine individuelle Selbstbestimmung und Autonomie[132] supranational durch Art 7 Var. 1 iVm Art 1 EGRC respektive Art 8 Abs 1 iVm Art 2 EMRK geschützt, wobei es zuvörderst auf einer informierten Einwilligung (*informed consent*[133], *consentement libre et éclairé*) ankommt. Der VfGH begründet das ISR aus den Gewährleistungen aus Art 8 EMRK (Recht auf Privatleben), 2 EMRK (Recht auf Leben) und 2 StGG iVm Art 7 Abs 1 B-VG (Recht auf Gleichbehandlung).[134]

Nach der Klarstellung des Art 3 Abs 2 EGRC gilt diese essenzielle Voraussetzung für die Rechtfertigung eines jeden ärztlichen Eingriffs. Das Vorliegen einer wirksamen Einwilligung schließt die Rechtswidrigkeit des ärztlichen Eingriffs aus.[135] Mit der Generalklausel des § 16 S. 1 AGBG wird der individuellen Selbstbestimmung schon zivilrechtlich entsprochen. Danach hat jeder Mensch angeborene, allein durch die Vernunft einleuchtende Rechte, und ist deshalb als eine Person zu betrachten. Welche (Rechts-) Positionen den angeborenen natürlichen Rechten angemessen sind, wird nach § 17 AGBGB so lange als bestehend angenommen, als ihre gesetzliche Beschränkung nicht bewiesen wird. Insbesondere am Ende eines Menschenlebens wird das ISR *einerseits* durch die Strafbarkeit der eigenmächtigen Heilbehandlung iSd § 110 StGB flankiert. Selbst wenn der Arzt die Regeln der medizinischen Wissenschaft (*de lege artis*) beachtet werden, droht ihm demnach eine Geld- oder Freiheitsstrafe, wenn er den Eingriff ohne Einwilligung vornimmt. Jede die körperliche

---

[128] Zum normativen Individualismus: *Von der Pfordten/Kähler,* Normativer Individualismus (2014) 1.
[129] *Von der Pfordten,* Normativer Individualismus.
[130] *Von der Pfordten,* Normativer Individualismus.
[131] Vgl OGH 19.12.2019, OGH 6 Ob 238/19x; veröffentlicht unter https://rdb.manz.at/document/ris; zuletzt abgerufen am 28.04.2022.
[132] Zum medizinethischen Prinzip der Autonomie: *Marckmann,* ÄBW 12/2000; *Maio* in Maio, Ethik (2017) 5.
[133] Vgl *Pepelnik,* Ethische Aspekte (2020) 2, 5.
[134] VfGH 11.12.2020, G139/2019 (G139/2019-71), N 5.
[135] Vgl KGMSZ, Grundzüge des Medizinrechts, 2019, 36.

Integrität der betroffenen Person verletzende Behandlung ohne Vorliegen einer informierten Einwilligung ist demnach als eine eigenmächtige Heilbehandlung zu qualifizieren und der Strafandrohung des § 110 StGB unterworfen, soweit eine sofortige Intervention nicht ausnahmsweise wegen Gefahrenverzugs geboten ist (§ 110 Abs 2 StGB).[136] *Andererseits* ist dem Arzt sowohl eine Tötung auf Verlangen (§ 77 StGB) als auch eine Mitwirkung am Suizid (§ 78 StGB) untersagt.[137] In ihrem Kern lassen sich sämtliche vorgenannten Verhaltenspflichten des Arztes auf den Hippokratischen Eid zurückführen, der als eine grundlegende Erkenntnisquelle medizinethischer Verhaltenspflichten das ärztliche Ethos bis in das 21. Jahrhundert hinein beeinflusst.[138] Der Erhalt des *aktiven* Lebens hat demnach für das ärztliche Handeln höchste Priorität und ist zugleich ihr zentrales Element. So darf der Hippokratische Eid bis hinein in die Gegenwart als Quelle der Verpflichtung gelten, dem Wohl der erkrankten Person zu dienen und ihr keinen Schaden zuzufügen (sog. Benefizienz-Prinzip).[139] Bekräftigt wird der Hippokratische Eid insbesondere durch die *Genfer Deklaration des Weltärztebundes* (Genfer Deklaration, DvG[140]). Hiernach umfasst das ärztliche Gelöbnis die (Selbst-)Verpflichtung, höchsten Respekt vor dem menschlichen Leben zu wahren. Das ISR der betroffenen Person betreffend, ist dem Hippokratischen Eid die Verpflichtung eines jeden Arztes zu entnehmen, die Identität der betroffenen Person, ihre personale Autonomie und ihren Willen unabhängig von seinem Gesundheitszustand sowie sein religiöses oder weltanschauliches Bekenntnis zu respektieren. Allen voran ist es ihm untersagt, die betroffene Person zu bevormunden oder paternalistisch[141] zu behandeln. *Per definitionem* belässt das Konzept einer paternalistischen Medizin, das für ein Verständnis des Arztes als fürsorgende Autorität sinnbildlich ist, die Entscheidung über Diagnose und Therapie vornehmlich in den Händen des Arztes.[142] Für die Sinnhaftigkeit des GV streitet in diesem Zusammenhang nicht zuletzt das Anliegen eines effektiven Schutzes insbesondere älterer Menschen vor fremdbestimmte Entscheidungen, die im Kontext der Sterbehilfe insbesondere in „Situationen prekärer Selbstbestimmung" resultieren können, wenn alte und kranke Menschen zur Selbsttötung gedrängt werden.[143] Bedeutsam ist in dieses allein vor dem Hintergrund der Haltung der katholischen Kirche, die sie mit der Enzyklika des früheren Papstes *Johannes Paul II* (1920-2005) „Evangelium Vitae" zum Ausdruck bringt. Danach sollte die ärztliche Tätigkeit nicht von einem therapeutischen Übereifer bestimmt und am Lebensende insbesondere für Palliativbehandlungen – *per definitionem* geht es darum, todgeweihten

---

[136] Vgl KGMSZ, Grundzüge des Medizinrechts, 2019, 35.
[137] Zur Kriminalisierung des assistierten Suizids: *Birklbauer,* RdM 2016, 84.
[138] Vgl *Schauer* in Resch/Wallner, Medizinrecht (2020) XXXVII, Rn. 1.
[139] Vgl *Hildt,* Autonomie (1996) 20.
[140] Veröffentlicht unter https://www.bundesaerztekammer.de/fileadmin/user_upload/downloads/pdf-Ordner/International/Deklaration_von_Genf_DE_2017.pdf; zuletzt abgerufen am 23.03.2022.
[141] Zum paternalistischen Modell vgl bereits Darstellungspunkt A. I. 3. b).
[142] Vgl *Ziegler,* GesR 2021, 483 (487).
[143] Vgl *Höfling,* GesR 2021, 351 (352): Zur Rechtfertigung der strafbaren Selbsttötung nach § 217 dStGB.

Menschen ein möglichst beschwerdearmes und würdevolles Ende zu ermöglichen[144] – aufgeschlossen sein (Evangelium Vitae, Punkt 65). Konkret bedeutet dieses, dass Herz-Lungen-Maschinen erst dann abgeschaltet werden dürfen, wenn keine Hoffnung auf Besserung besteht, und schmerzlindernde Arzneimittel in Dosierungen verabreicht werden dürfen, bei denen eine lebensverkürzende Wirkung in Kauf genommen wird.[145]

2. Gesetzliche Regulierung der ärztlichen Berufsausübung

Die gesetzliche Regulierung der ärztlichen Berufsausübung betreffend, wird zur Vermeidung von Wiederholungen und im Hinblick auf den angestrebten Darstellungsumfang auf die obige[146] Darstellung zur Stellung des Arztes als freier Beruf verwiesen.

3. Berufsständische Normierung der ärztlichen Berufsausübung

Angesichts seiner Bindung sowohl an seinen Heilbehandlungsauftrag als auch seine berufsständischen Pflichten, wie sie beispielsweise durch die Verordnung der österreichischen Ärztekammer über den ärztlichen Verhaltenskodex (Ärztlicher Verhaltenskodex 2014[147]) definiert werden, trifft den Arzt *andererseits* keine grundsätzliche Verpflichtung, alles von der betroffenen Person Gewollte auch tatsächlich umzusetzen. Dieses gilt jedenfalls dann, wenn es nach dem Stand der medizinischen Forschung vertretbare minimalinvasivere Therapien und Behandlungsmöglichkeiten gibt, um den angestrebten Behandlungserfolg zu erreichen, und eine Gefährdung höherer Rechtsgüter wie des durch die Lebensschutzpflicht universell geschützten Lebens der betroffenen Person sicher ausschließen lässt.

4. Bindung des Arztes an medizinethische Prinzipien
a) Medizinethische Prinzipien nach *Beauchamp/Childress*
a.1) Das Prinzip der Autonomie

Bedingt durch den medizinischen Fortschritt, die hierdurch verbreitete Erkenntnisgrundlage und den allgemein verbesserten Zugang zu medizinischen Forschungsergebnissen, hat sich die Beziehung zwischen Arzt und betroffener Person im Zuge der Aufklärung von einem Verhältnis paternalistischer[148] Benefizienz, in dem die medizinischen Kenntnisse des Arztes im Verborgenen (*behind the screen*) blieben und seine Berufsausübung nur wenigen allgemeingültigen Regeln unterworfen war, zu einer gleichgeordneten Koexistenz gewandelt. Im Zentrum steht die betroffene Person mit ihren spezifischen Werten, Wünschen und

---

[144] Vgl *Loewenich* in Bormann/Wetzstein, Gewissen (2014) 389 (391).
[145] Vgl *Mayer-Maly*, Rechtsphilosophie (2001) 38.
[146] Zu den gesetzlichen Grundlagen der ärztlichen Berufsausübung vgl bereits Darstellungspunkt B. I.
[147] Veröffentlicht unter https://www.aerztekammer.at/documents/261766/417743/Ärztl_Verhaltenskodex+1.Nov+kons+Fassung.pdf/24a c69e5-852b-2d85-4e35-0eee778e1e85?t=1609772059836; zuletzt abgerufen am 23.03.2022.
[148] Zum paternalistischen Modell Vgl bereits Darstellungspunkt A. I. 3. b).

Bedürfnissen. Unter dem Eindruck eines „Konsumenten neuen Typs" hat sich der Mediziner von einer fürsorgenden, der betroffenen Person angesichts seines Wissens hierarchisch übergeordneten Autorität zum medizinischen Dienstleister gewandelt. So zielt das Prinzip der Autonomie darauf ab, *vermeintlich* wohlwollendem ärztlichen Paternalismus entgegenzuwirken und den individuellen Willen der betroffenen Person (Wünsche, Ziele, Wertvorstellungen etc.) in den Mittelpunkt zu rücken.[149] *Prima facie* streitet dieses für das interpretativen Modells, bei dem der Arzt im Vorfeld eines therapeutischen Eingriffs neben den medizinischen Informationen sowohl die Vorstellungen als auch Werte der betroffenen Person erfasst und ihr hilft, die individuell passende Vorgehensweise zu finden.[150] So rekurriert das Autonomieprinzip auf den einzelnen Menschen und seine grundsätzliche Freiheit, die es gebietet, jegliche Handlung des Menschen stets danach zu bewerten, inwieweit sie dem Respekt gegenüber der Freiheit des anderen Rechnung trägt.[151] Verwurzelt ist es in seinem Abwehrrecht gegenüber einer ursprünglich paternalistischen Medizin, wobei es den Charakter eines „Gegenmittels" gegenüber historisch tradierten Konventionen trägt, die angesichts des Standes von Wissenschaft und Aufklärung kaum noch mit der Idee einer diversifizierten, dem Individualismus zugeneigten Gesellschaftsordnung im Einklang stehen.[152] Bedingt durch das ubiquitäre Internet und die Transformation der Medien zu nichtmediatisierten virtuellen Kommunikationsräume (Social Media, Messenger-Dienste etc.) lässt sich eine zunehmende gesellschaftliche Individualisierung ausmachen, in der religiöse und metaphysischen Anknüpfungen schwinden und die freie individuelle Entscheidung als einziger Ausgangspunkt einer moralischen Autorität avanciert.[153]

Das im normativen Individualismus verortete Autonomieprinzip rekurriert angesichts seiner Ziele auf die individuelle Selbstbestimmung der betroffenen Person und lässt sich nach *Beauchamp/Childress* in fünf Subkategorien untergliedern. *Erstens* muss sie kompetent sein, die ärztliche Intervention kognitiv zutreffend zu erfassen und auf Grundlage ihrer Erkenntnisse freiwillig zu entscheiden (*competence*).[154] Im Übrigen läge eine selbstbestimmte Entscheidung schon begrifflich nicht vor. Es sich um eine „vor die Klammer" gezogene Voraussetzung (*precondition*).[155] *Zweitens* müssen der betroffenen Person alle entscheidungsrelevanten Informationen zugänglich (*disclosure*) und alle ärztlicherseits indizierten Schritte mit ihr erläutert worden sein (*recommendation*).[156] Sie muss die entscheidungsrelevanten Informationen und das ärztlicherseits mit ihr Erläuterte *drittens* zutreffend erfasst haben (*understanding*). Die ersten drei Elemente beschreiben die informatorische Ebene.[157]

---

[149] Vgl *Marckmann*, ÄBW 12/2000.
[150] Vgl *Ziegler*, GesR 2021, 483 (487).
[151] Vgl *Maio* in Maio, Ethik (2017) 4.
[152] Vgl *Marckmann*, ÄBW 12/2000; *Maio* in Maio, Ethik (2017) 5.
[153] Vgl *Maio* in Maio, Ethik (2017) 5.
[154] Vgl *Beauchamp/Childress*, Biomedical ethics (2013) 124.
[155] Vgl *Beauchamp/Childress*, Biomedical ethics (2013) 124.
[156] Vgl *Beauchamp/Childress*, Biomedical ethics (2013) 124.
[157] Vgl *Beauchamp/Childress*, Biomedical ethics (2013) 124.

Viertens muss der Arzt darauf hinwirken, dass die betroffene wirklich freiwillig entscheidet (*voluntariness*).[158] Hierzu muss die betroffene Person in vollem Bewusstsein entscheiden (*intentionally*), die Entscheidungsgrundlagen kognitiv zutreffend (*understanding*) erfassen und unbeeinflusst von dritten Personen entscheiden, welche die Entscheidung *à priori* in eine bestimmte Richtung lenken könnten (*non control*).[159] Insbesondere muss sie unbeeinflusst sowohl von äußeren Anlässen als auch inneren Beweggründen entscheiden, die ihr die Kraft selbstbestimmter Entscheidungen nehmen, dh. Ihre Entscheidung muss nur intrinsisch motiviert sein.[160] *Fünftens* muss sie in voller Kenntnis des mit dem Arzt Erläuterten zustimmen (*decision*), explizit bezugnehmend auf die in der Anamnese skizzierte Behandlungsoption (*authorization*), sog. Zustimmungs- respektive Einwilligungsebene.[161]

Die vorskizzierten fünf Prämissen konstituieren *Beauchamp/Childress* zufolge das Wesen einer informierten Einwilligung (*informed consent*).[162] Ihnen zufolge lassen sich gesetzliche Normen, Politiken und Praktiken vornehmlich durch das Konzept der Autonomie rechtfertigen, wonach die Individualität der betroffenen Person zutreffend zu erfassen, ihre Wertvorstellungen und Präferenzen zu verstehen und sie vor jeglicher unzulässigen Fremdeinwirkung zu schützen ist.[163] Gerade hier kann sich der GV als sinnstiftend erweisen, weil davor geschützt wird, dass fremdbestimmte Instruktionen in die Behandlung einwirken, die sich angesichts ihrer Distanz zum konkreten Behandlungsmandat als nicht zielführend erweisen. Eine informierte Einwilligung liegt angesichts der fünf vorskizzierten Definitionsmerkmale nur vor, wenn sie angemessen über die Bedeutung und Tragweite der erwogenen Intervention aufgeklärt wurde, die Aufklärung kognitiv zutreffend erfasst hat und freiwillig entscheidet, wobei sie entscheidungskompetent sein muss und hieraufhin schließlich ihre explizite Einwilligung erteilt.[164] Sinnbildlich für ihre im digitalen Umfeld gewachsene Autonomie hat der 5. Strafsenat des BGH im Jahre 2019 entschieden, dass die (subjektive) Patientenautonomie in der Skala der berufskonstitutiven Wertentscheidungen über dem (objektiven) Patientenwohl stehe.[165] Ähnliche Judikate dürften der Patientenverfügung iSd § 8 PatVG und ihrer Akzeptanz weiteren Auftrieb verleihen.

a.2) Das Prinzip der Benefizienz

Per definitionem rekurriert das Benefizienzprinzip auf die schon mit dem hippokratischen Eid begründete moralische Verpflichtung des Arztes, sich der betroffenen Person gegenüber

---

[158] Vgl *Beauchamp/Childress*, Biomedical ethics (2013) 124.
[159] Vgl *Beauchamp/Childress*, Biomedical ethics (2013) 104.
[160] Vgl *Beauchamp/Childress*, Biomedical ethics (2013) 104.
[161] Vgl *Beauchamp/Childress*, Biomedical ethics (2013) 124.
[162] Vgl *Beauchamp/Childress*, Biomedical ethics (2013) 124; *Marckmann*, ÄBW 12/2000.
[163] Vgl *Beauchamp/Childress*, Biomedical ethics (2013) 121.
[164] Vgl *Marckmann*, ÄBW 12/2000.
[165] BGH 03.07.2019, 5 StR 393/18, GesR 2019, 643 ff; BGH 03.07.2019, 5 StR 132/18, GesR 2019, 638.

fürsorglich zu verhalten und ihr nur gutes zu tun (*bonum facere[166]*). Es wurzelt in dem im Kontext der Informationsgesellschaft etwas antiquierten Verständnis der Arzt-Patienten-Beziehung als einem Verhältnis der Subordination. Unter dem Einfluss des ISR wird es zunehmend vom Prinzip des *informed consent* verdrängt. Im Gegensatz zum Prinzip der Non-Malefizienz begründet es pflichtentheoretisch keine bindende Rechts-, sondern eine positive Tugendpflicht.[167] Seinen Pflichteninhalt betreffend, verpflichtet es nicht nur Ärzte und Mediziner, sondern jedermann, Menschenleben bei Not- und Unglücksfällen zu retten.[168] Der Arzt und Mediziner soll das Wohl der betroffenen Person umfassend fördern, ihr zu Nutzen sein und die *diagnostizierten* Krankheiten behandeln, Krankheiten präventiv entgegenwirken und ihre Beschwerden lindern (*salus aegroti suprema lex*). *Beauchamp/Childress* zufolge lassen sich aus der Benefizienzpflicht die weiteren (Tugend-) Pflichten ableiten, anderen nicht zu schaden und sie nicht zu verletzen.[169] Angesichts des Autonomieprinzips bedarf es einer steten Rückkopplung an den Willen der betroffenen Person, was ihr letztlich wirklich hilft.[170]

a.3) Prinzip der Non-Malefizienz

Das Prinzip der Non-Malefizienz respektive Schadensvermeidung begründet für den Arzt und Mediziner die *konkrete* Rechtspflicht, die betroffene Person möglichst vor gesundheitlichem Schaden zu bewahren. Es handelt es sich um eine konkrete und strafbewährte Unterlassungspflicht, bei der sich die Garantenpflicht entweder aus der Fürsorgepflicht, dem kraft seines Berufes überlegenen Wissen des Arztes und Mediziners oder der tatsächlichen Übernahme der Behandlung (Übernahmegarantenstellung[171]) herleiten lässt. Rechtsdogmatisch rekurriert das Non-Malefizienz-Prinzip weniger auf die staatliche Schutzpflicht für Gesundheit, die sich im österreichischen Recht jedenfalls aus einer Gesamtschau der einschlägigen Schutzgewährleistungen der EMRK (Lebensschutzpflicht, Verbot der Folter iSd Art 3 EMRK, Recht auf Achtung des Privat- und Familienlebens iSd Art 8 EMRK) herleiten lässt.[172] Nach dem Wortlaut des Art 35 S. 1 EGRC („Recht auf") lässt sich die Schutzpflicht auch aus der Grundrechtecharta deduzieren.[173] Vieles streitet stattdessen dafür, dass das Prinzip der Non-Malefizienz dem universell geltenden, einfachgesetzlich in § 914 AGBG wurzelnden Grundsatz von Treu und Glauben in seiner Ausprägung des Verbots des Missbrauchs einer formalen Rechtsstellung entspringt. Jedenfalls soweit der Arzt auf behandlungsvertraglicher Grundlage tätig wird, kann es hiernach geboten sein, sich vom buchstäblichen Sinne des Vertrages zu trennen, stattdessen die Absicht der Vertragsbeteiligten

---

[166] Vgl *Lintner,* Ethica 25 (2017) 125 (126).
[167] Vgl *Maio* in Maio, Ethik (2017) 7.
[168] Vgl *Maio* in Maio, Ethik (2017) 7.
[169] Vgl *Maio* in Maio, Ethik (2017) 8.
[170] Vgl *Maio* in Maio, Ethik (2017) 8.
[171] Vgl *Sternberg-Lieben,* MedR 2020, 627 (627).
[172] Vgl *Berka/Binder/Kneihs,* Grundrechte (2019) 904.
[173] Vgl *Jarass* in Jarass, GRCh (2021) Art 35, Rn. 3; *Rudolf* in Meyer, Charta (2019) Art 35, Rn. 9.

zu erforschen und den Vertrag nach der Übung des redlichen Verkehrs zu interpretieren. Die betroffene Person darf darauf vertrauen, dass ihre mit der Behandlung zurückgenommene Abwehrbereitschaft nicht ausgenutzt wird. Pflichtentheoretisch begründet das Prinzip der Non-Malefizienz eine negative und vollkommene Pflicht des Arztes unmittelbar gegenüber der betroffenen Person mit einer im Zweifel hohen rechtlichen Bindungskraft.[174] Jedenfalls soweit das Autonomieprinzip innerhalb der Quadratur des Pflichtenkonzepts von *Beauchamp/Childress* das dominierende[175] ist, steht gleichwohl zu berücksichtigen, dass es *den* Schaden nicht gibt. Der Schadensbegriff abstrahiert angesichts der Subjektivierung des Schadensbegriffs von einer allgemeingültigen Definition. Folgerichtig unterscheidet der US-amerikanische Bioethiker *Eric Marc Meslin*[176] zwischen objektiven und subjektiven Schäden. *Jay Katz*[177] zufolge lassen sich Schadensfälle nach der *konkret* betroffenen Position wie dem ISR und der Unversehrtheitsgarantie einteilen. Beide Positionen unterstreichen, dass das Non-Malefizienz-Prinzip mit dem der Autonomie der betroffenen Person verknüpft ist.

Entäußert beispielsweise eine betroffene Person unter Hinweis auf die jüngere Judikatur des *BVerfG* zur Verfassungswidrigkeit des Verbots der geschäftsmäßigen Sterbehilfe den Wunsch, seinem Leben unter der Mitwirkung[178] eines Arztes zu beenden, und überlebt sie die Intervention, ließe sich aus ihrer Sicht formaljuristisch durchaus von einem Schaden ausgehen. Unter den Bedingungen des Wertepluralismus der Postmoderne wird ein Konsens darüber realistisch kaum möglich sein, was ein gutes Leben und was ein menschenwürdiges Sterben ausmacht.[179] Der deontologischen Ethik *Kants* folgend, bringt der Wertepluralismus der Informationsgesellschaft streng rationale Entscheidungen hervor, die humanistisch zuweilen fragwürdig anmuten und – zumal sie die ärztliche Therapiefreiheit zunehmend in Frage stellen – geradezu disruptiv wirken.[180] Jedenfalls deontologisch betrachtet untersagen es die Individualität und Selbstgesetzlichkeit eines jeden Menschen in seiner Eigenschaft als sittliches Subjekt, fremdbestimmt über den Menschen zu verfügen und ihn zu instrumentalisieren.[181] Im Zuge des demographischen Wandels dürfte eine gesundheitliche Verbesserung in vielen Fällen nur zu erreichen sein, wenn schädliche Nebenwirkungen im vertretbaren Umfang in Kauf genommen werden. Angesichts der Individualität der betroffenen Person und der Spezifität des ärztlichen Behandlungsmandats gilt es in jedem Einzelfall sorgfältig zwischen den der betroffenen Person nutzenden und den (potenziell)

---

[174] Vgl *Maio* in Maio, Ethik (2017) 9.
[175] Vgl *Marckmann*, ÄBW 12/2000.
[176] Vgl *Meslin*, Protecting Human Subjects (1989) 1.
[177] Vgl *Katz*, Experimentation (1972) 1.
[178] Zur Mitwirkungspflicht des Patienten im Rahmen der ärztlichen Behandlung: OGH 25.02.2016, 9 Ob 76/15i; OGH 31.08.2015, 2 Ob 148/15a; *Dullinger*, RdM 2012, 222.
[179] Vgl *Maio* in Maio, Ethik (2017) 5.
[180] Vgl *Pflanz*, Deutsches Ärzteblatt v. 07.04.1988, A-926 (A-928).
[181] Vgl *Maio* in Maio, Ethik (2017) 6.

schadensbringenden Faktoren abzuwägen.[182] Nach dem interpretativen Modell gilt es die individuellen Präferenzen ärztlicherseits zu fokussieren und sie möglichst umzusetzen.[183]

b.4) Prinzip der Gerechtigkeit

Insbesondere wenn es unbestimmte Rechtsbegriffe wie „mitwirken" isD § 97 Abs 2 StGB, § 6 Abs 3 KaKuG zu klären gilt, ist gerade im Zuge der COVID-19-Pandemie schließlich die Allokation verfügbarer Gesundheitsressourcen nach dem Prinzip der Gerechtigkeit bedeutsam, das sich im Verbot genadressierter Diskriminierung isD Art 21 EGRC verorten lässt. Hiernach ist die größtmögliche Gleichheit anzustreben, ohne die (konkreten) Bedürfnisse oder die individuelle Situation zu berücksichtigen. So sind gleiche Fälle möglichst gleich, ungleiche Fälle hingegen möglichst differenziert zu behandeln, soweit sie moralisch bedeutsame Unterschiede aufweisen.[184] Angesichts der begrifflichen Unschärfe des Gerechtigkeitsbegriffs kann es eine Gerechtigkeit *per se* nicht geben.[185]

b) Ergänzende medizinethische Prinzipien

In Anknüpfung an die die medizinethischen Prinzipien nach *Beauchamp/Childress* postuliert *W.T. Reich* die (ergänzende) Anforderung, in sämtlichen Phasen der ärztlichen Behandlung die Menschenwürde der betroffenen Person zu achten (*diginity*[186]). Letztlich dürfte es sich hierbei um eine Prämisse handeln, die *Beauchamp/Childress* schon mit dem Prinzip der Autonomie einfordern und seit der Sterbehilfe-Entscheidung des *BVerfG* als *state of the art* gelten darf. Ebenso an die medizinethischen Prinzipien nach *Beauchamp/Childress* anknüpfend, formuliert *K. Dörner* die Anforderung, dass sich der Arzt, das medizinische und nichtmedizinische Gesundheitspersonal in allen Behandlungsphasen der betroffenen Person gegenüber fürsorglich zu verhalten haben (*care*).[187] Dieses Prinzip dürfte sich wesentlich mit dem von *Beauchamp/Childress* definierten Prinzip der Benefizienz decken, ohne neue Anforderungen für die Berufsausübung des Arztes zu begründen. Unter den ansonsten beachtlichen (rechts-) ethischen Prinzipien, die für die hier zu klärende Frage nach der Sinnhaftigkeit des GV bedeutsam sind, lassen sich die deontologischen Ansätze grundsätzlich von den teleologischen oder konsequentialistischen Ansätzen abgrenzen.[188] *Per definitionem* beurteilen die deontologischen Ansätze, unter denen vor allem der Kategorische Imperativ *Immanuel Kants* hervorzuheben ist, den moralischen Wert respektive Unwert menschlicher Handlungen danach, inwieweit sie sich auf ein anerkanntes moralisches Prinzip zurückführen

---

[182] Vgl *Marckmann,* ÄBW 12/2000.
[183] Vgl *Psychrembel,* Wörterbuch (2020) 159.
[184] Vgl *Marckmann,* ÄBW 12/2000
[185] Vgl *Maio* in Maio, Ethik (2017) 11.
[186] Vgl *Reich,* AJB 2001, 64.
[187] Vgl *Dörner,* Der gute Arzt (2000) 23.
[188] Vgl *Schöne-Seifert,* Medizinethik (2009).

lassen oder ihnen als Handlungstyp ein bestimmter Wert oder Unwert innewohnt.[189] Im Gegensatz hierzu beurteilen die teleologischen Ansätze menschliche Handlungen respektive von Menschen formulierte Regeln im Hinblick auf ihre empirischen Auswirkungen, wobei sie ergänzend eine Aussage dazu treffen, welche Auswirkungen eher als wertvoll oder gemeinwohlstiftend, welche hingegen eher als schlecht oder gemeinwohlschädlich einzuordnen und welche Rechte oder Rechtsgüter hierbei abzuwägen sind.[190] Hiervon ausgehend, beurteilen die utilitaristischen Ansätze menschliche Handlungen nach der für alle Handlungsbetroffenen resultierenden „Glückssumme" oder nach der Maßgabe, inwieweit sie dem Allgemeinwohl bei einer Gesamtbetrachtung eher dienen (*welfare profits*) oder schaden (*welfare losses*).[191] Bei Aktualisierung einer Triage-Situation wie im Zuge der COVID-19-Pandemie würde eine utilitaristische Interpretation der Menschenwürde zum Beispiel danach fragen, ob nicht das Leben des Menschen, der im Rahmen seiner Forschungstätigkeit ein Vakzin gegen das SARS-CoV-2-Virus gefunden hat, angesichts seines positiven Nutzens für die Gemeinschaft höher zu bewerten ist als das Leben eines „Scharlatans" – aus utilitaristischer Sicht kommt es auf die Perspektive der (Gesamt-) Gesellschaft an. Ebenso ließe sich aus utilitaristischer Sicht danach fragen, ob nicht das Leben eines Chefvirologen an der Universität Wien angesichts seines Beitrags zur Eindämmung des SARS-CoV-2-Virus höher zu bewerten ist als das eines Obdachlosen ohne Berufsausbildung respektive eines Abrechnungsbetrügers. Obgleich sich unter Triage-Bedingungen diskutieren ließe, dem Chefvirologen angesichts seines Beitrags zur Eindämmung der COVID-19-Pandemie einen höheren sozialen Wert- und Achtungsanspruch zuzusprechen, ist dem utilitaristischen Ansatz angesichts des Gebots der Lebenswertindifferenz – hiernach kann ausnahmslos jeder einen diskriminierungsfreien Zugang zu medizinischen Ressourcen beanspruchen, soweit die Behandlung hinreichende Erfolgsaussicht hat – entschieden entgegenzutreten.[192] Die unterschiedlichen utilitaristischen Ausprägungen finden ihre gemeinsame Schnittmenge darin, dass sie (ethische) Normen für verallgemeinerungsfähig und rational begründbar halten.[193]

III. Die ärztliche Berufsausbildung im Kontext der Individualisierung

Die verfassungsrechtlich garantierte Gewissensfreiheit tritt in Anbetracht der vorskizzierten medizinethischen Prinzipien nicht nur mit der unionalen Zielsetzung, auf ein hohes Niveau der medizinischen Versorgung hinzuwirken. Sie kollidiert mit dem ISR der betroffenen Person, die sich spätestens seit dem 26.02.2020 im Fluss befindet.[194] An diesem Tage hat das deutsche *BVerfG* das Verbot der geschäftsmäßigen Sterbehilfe für verfassungswidrig

---

[189] Vgl *Schöne-Seifert*, Medizinethik (2009).
[190] Vgl *Schöne-Seifert*, Medizinethik (2009).
[191] Vgl *Schöne-Seifert*, Medizinethik (2009).
[192] Vgl *Sternberg-Lieben*, MedR 2020, 627 (631).
[193] Vgl *Schöne-Seifert*, Medizinethik (2009).
[194] Vgl *Pepelnik*, Ethische Aspekte (2020) 36.

befunden. Mit seiner Entscheidung vom 05.11.2020, wonach die Durchführung einer PID - in partieller Abkehr des nach dem EschG Zulässigen - erlaubt sein kann, soweit für Nachkommen eines genetisch vorbelasteten Paares das hohe Risiko besteht, an der klassischen Form der Myotonen Dystrophie Typ 1 zu erkranken, bestätigt zuletzt auch die Judikatur des *BVerwG*[195], dass das Verhältnis zwischen dem Arzt und der betroffenen Person in Anbetracht der Möglichkeiten der modernen Medizin einem grundlegenden Wandel unterworfen ist. Stand ursprünglich das Bild des Arztes im Sinne einer fürsorgenden Autorität im Vordergrund, dessen Wissen der Allgemeinheit der Medizinkonsumenten kaum zugänglich war, wandelt sich dieser im Informationszeitalter zum medizinischen Dienstleister (*„medicine as a service"*), der angesichts der Nichtexistenz eines allgemeingültigen Schadensbegriffs vornehmlich die Individualität der betroffenen Person und ihre grundrechtlich geschützte Autonomie zu respektieren hat. Ein individualistisches Verständnis des Menschenwürdebegriffs, das nicht angesichts der deontologischen Ethik und des normativen Individualismus[196], sondern der Judikatur des *BVerfG* zur Verfassungswidrigkeit des Verbots der geschäftsmäßigen Sterbehilfe und des *BVerwG*[197] zur Zulässigkeit der PID bei Vorliegen des Risikos schwerer Erbkrankheiten auch höchstrichterlich, der gesellschaftlichen Pluralisierung und Ausdifferenzierung folgend, zunehmend an Legitimität und Akzeptanz gewinnt, kann allein angesichts der unionalen Zielsetzung eines hohen Gesundheitsschutzniveaus für die Frage nach der Sinnhaftigkeit des GV nicht folgenlos bleiben. Dennoch gilt zu berücksichtigen, dass sich die vorgenannten Urteile auf die österreichische Rechtslage nicht ohne Weiteres übertragen lassen, weil das APR als dessen streitentscheidende Norm in Österreich nicht unmittelbar verfassungsrechtlich kodifiziert ist. Geschützt ist es auf Grund der normenhierarchisch mit Verfassungsrang ausgestatteten Art 8 EMRK (Recht auf Familien- und Privatleben) und Art 2 EMRK (Recht auf Leben), die es vornehmlich unter Berücksichtigung der Judikatur des VfGH auszulegen gilt.[198]

IV. Zwischenergebnis

Hohe krankheitsbedingte Ausfallzahlen können in letzter Konsequenz nicht nur den einzelnen Betrieb betreffen. In einer hochgradig arbeitsteilig organisierten und spezialisierten Volkswirtschaft können sie sich über den einzelnen Betrieb hinaus systemgefährdend auswirken, zumal wenn sie Kritische Infrastrukturen (Gesundheits- und Elektrizitätsversorgung etc.) oder zentrale Einrichtungen der Daseinsvorsorge treffen, auf deren beständiges störungsfreies Funktionieren eine Vielzahl von Konsumentinnen und Konsumenten tagtäglich angewiesen sind. So ist die Sicherstellung der Integrität und

---

[195] BVerwG 05.11.2020, 3 C 12.19; Vgl https://www.bverwg.de/de/pm/2020/63; zuletzt abgerufen am 23.03.2022.
[196] Zum normativen Individualismus Vgl *Von der Pfordten*, Normativer Individualismus; *Von der Pfordten/Kähler*, Normativer Individualismus (2014) 1.
[197] BVerwG 05.11.2020, 3 C 12/19; NVwZ 2021, 1068.
[198] Vgl *Huber*, JMG 2020, 67.

Zuverlässigkeit der medizinischen Versorgung keine reine Privatsache, sondern eine gesamtgesellschaftliche Aufgabe höchsten Ranges. *Prima facie* streitet ihr hoher Stellenwert dafür, dass Raum für Gewissenserwägungen im Zweifel nur innerhalb der rechtstaatlichen Bindungen verbleiben kann. Allein auf Grund seines fachlichen Wissens, seiner beruflichen Erfahrung sowie seiner Nähe zur betroffenen Person, ihrer Individualität und der Spezifität ihres Falles kann gleichwohl ein wirksamer gesetzlicher Schutz eines ärztlichen (Mindest-) Entscheidungsspielraums jenseits von staatlicher Regulierung geboten sein. Hierfür streiten insbesondere Erwägungen der Menschenwürde sowohl des Arztes, dessen moralische Identität und Integrität betroffen sein können, als auch der betroffenen Person, um dessen individuelle Selbstbestimmung es geht. Ihre enge sachliche Verwobenheit mit der Menschenwürdegarantie tritt insbesondere dadurch hervor, dass die Gewissensfreiheit die psychische und seelische Integrität schützt, indem sie sich auf die freie Bildung von Gewissensentscheidungen und die Rücksichtnahme auf Gewissensentscheidungen rekurriert.[199]

Vor diesem Hintergrund gilt es Ärzten ungeachtet der gesetzlichen respektive berufsständischen Normierung ihrer Profession in den Grenzen ihrer auch im Informationszeitalter fortbestehenden Therapiefreiheit gewisse Handlungs- und Bewertungsspielräume bei der Ausgestaltung ihres Behandlungsmandats zuzugestehen. Obgleich das österreichische Recht dieses nicht klarstellt, ist der Beruf des Arztes auch hierzulande ein freier Beruf, dem allein auf Grund des verfassungsrechtlichen Schutzes der Berufsfreiheit (Art 18 StGG, Art 15 EGRC) gewisse Mindestspielräume insbesondere in den Bereichen Diagnostik und Therapie zuzugestehen sind. Entsprechende Spielräume entziehen sich einer abstrakt-generellen Regulierung und Standardisierung. Sie sind vornehmlich durch das Element einer unvertretbaren Verantwortung geprägt („innere Bindung").[200] Im IPS-Kontext erscheinen sie allein deshalb bedeutsam, um die Diversität der medizinischen Nachfrager im ärztlichen Berufsstand abzubilden und das unionale Ziel einer hohen Gesundheitsschutzniveaus in der praktischen Lebenswirklichkeit zu erreichen. Allein auf Grund seiner Natur ist jeder Mensch ein einzigartiges Individuum mit spezifischen Anlagen, Eigenschaften, Fähigkeiten und Interessen.

Angesichts der universellen Geltung des Rechtsstaatsprinzips können Spielräume für Erwägungen der persönlichen Identität und Integrität, die das Schutzgut der Gewissensfreiheit konstituieren, im Zweifel indessen nur verbleiben, wo keine vorrangigen gesetzlichen Regeln eingreifen. Das Verhältnis zwischen dem Arzt und der betroffenen Person ist ungeachtet des Grundsatzes der Therapiefreiheit kein rechtsfreier Raum.[201] (Normenhierarchisch) vorrangige Regeln ergeben sich insbesondere aus der Unversehrtheitsgarantie, der unionalen Zielsetzung eines hohen Gesundheitsschutzniveaus, dem ISR der betroffenen Person und der

---

[199] Vgl *Herdegen* in Merten/Papier, Grundrechte IV (2011) § 98, Rn. 8.
[200] Vgl *Krones/Richter,* Bundesgesundheitsblatt 2008, 818.
[201] Vgl *Ziegler,* GesR 2021, 483 (487).

Menschenwürdegarantie. Weiters sind die Bindungen des Arztes an medizinethische Prinzipien wie jene von *Beauchamp/Childress* zu beachten, allen das Autonomie- und das Benefizienprinzip. Der durch die unionale Zielsetzung des Art 35 S. 2 EGRC unterstrichene Auftrag, eine medizinische Versorgung bestmöglich sicherzustellen, bezieht sich eingedenk der bioethischen Bindung des Arztes durch das Benefizienzprinzip[202] (*bonum facere*) im Zweifel nur auf Heil- und nicht auf „Wunschbehandlungen".[203] Allein auf Grund seiner berufsständischen Professionalisierung ist kein Arzt verpflichtet, sich einseitig dem Patientenwillen unterzuordnen und diesen blindlings zu vollstrecken. *De facto* erscheint die Zuerkennung eines Spielraums zur individuellen Ausgestaltung des Arztberufes mittels persönlicher Wertvorstellungen (sog. „Innere Bindung" des Arztberufes) allein deshalb geboten, um der Individualität der betroffenen Person zu entsprechen. Seine Nivellierung hingegen könnte darauf hinauslaufen, dass der Pluralität einer Gesellschaft nicht mehr genügend Rechnung getragen würde und es infolgedessen zu Störungen der medizinischen Versorgung käme. *De jure* können Träger des ärztlichen Berufsstandes allein auf Grund ihrer grundrechtsgeschützten Berufs- (Art 18 des StGG) und Gewissensfreiheit und ihrer Abwehrfunktion grundsätzlich verlangen, dass ein dementsprechender Spielraum auch in der Informationsgesellschaft staatlicherseits respektiert wird.

C. DIE ÄRZTLICHE GEWISSENSFREIHEIT ALS SCHRANKEN-SCHRANKE DER REGULIERUNG

I. Philosophische und geistesgeschichtliche Grundlagen der Gewissensfreiheit

1. *Augustinus*

Lange vor dem Einsetzen von Abendländischer Aufklärung und Säkularisierung, in deren Kontext die individuelle Selbstbestimmung – der deontologischen Ethik[204] *Immanuel Kants* folgend, der das Gewissen als eine sich „selbst richtende moralische Urteilskraft[205]" definiert – zum Gradmesser einer Normierung des GV avanciert und als untrennbar mit der individuellen Identität verstanden wird, wurde das Gewissen von *Augustinus* (354-430 *post Christum natum*) als die Stimme Gottes, das „unmittelbare Erkenntnisorgan für den göttlichen Willen[206]" respektive das naturgegebene Urgewissen verstanden, das jede menschliche Persönlichkeit im Sinne einer unentziehbaren Grundlage sittlichen Handelns (*Synderesis*) von Geburt an in sich trägt.[207] Angesprochen sind ihre natürliche Fähigkeit und ihre Dispositionen, die universellen Handlungsmaximen menschlichen Wirkens intuitiv zu erfassen.

---

[202] Zum Benefizienzprinzip vgl *Maio* in Maio, Ethik (2017) 7.
[203] Vgl *Kummer*, Gewissensfreiheit im Gesundheitsbereich (2016) 79 (81).
[204] Zur deontologischen Ethik *Immanuel Kants* Vgl bereits Darstellungspunkt A. I. 1.
[205] Vgl *Hofmann*, ZfME 2021, 493 (502).
[206] Vgl *Rager* in Kröll/Schaupp, Gewissen (2013) 25 (26).
[207] Vgl *Rager* in Kröll/Schaupp, Gewissen (2013) 25 (25); *Lintner,* Ethica 25 (2017) 125 (126).

2. Thomas von Aquin
a) Das Gewissen als „Grundstock prinzipieller sittlicher Einsicht" (*Synderesis*)

So plausibel der Augustinische Ansatz *prima vista* auch sein mag, so muss er doch in jenen Situationen versagen, in denen das handelnde Subjekt den Willen Gottes nicht zweifelsfrei zu erkennen vermag, doch gleichwohl auf einen verlässlichen Handlungsrahmen angewiesen ist, um eine an den Kategorien von Gut und Böse ausgerichtete Entscheidung treffen zu können.[208] Ein entsprechender Rahmen erscheint dieser in Situationen moralischer Unvertretbarkeit erforderlich, mit denen ein Arzt etwa bei operativen Eingriffen konfrontiert ist, wenn sich unvorhergesehene Komplikationen ergeben. So hält *Thomas von Aquin* ein an den Kategorien der natürlichen Vernunft ausgerichtetes Verständnis des Gewissens als eine natürliche Anlage respektive als ein „Grundstock prinzipieller sittlicher Einsicht" (*Synderesis*[209]) im Menschen geboten, die auf dessen ursprünglichem Wissen von Gut und Böse gründet und sein konkretes Verhalten anhand der sittlichen Urprinzipien verifiziert.[210]

b) Das Gewissen als konkretes Gewissensurteil (*Conscientia*)

Vor diesem Hintergrund unterscheidet *Thomas von Aquin* das Urgewissen im Sinne eines „Prinzipiengewissens[211]" vom „Situationsgewissen[212]" (*Conscientia*), das die dem menschlichen Handeln übergeordneten obersten Handlungsmaximen auf ein konkretes positives Tun oder Unterlassen projiziert und – gewissermaßen im Sinne eines binären Systems – die Möglichkeit von Fehler und Irrtum (*trial and error*) nicht ausschließt.[213] Die obersten sittlichen Prinzipien werden hierbei indessen als notwendig wahr unterstellt und zur Prämisse eines jeglichen praktischen Wissens erhoben.[214] *Thomas von Aquin* zufolge erwirbt ein Mensch das Situationsgewissen erst während seiner Sozialisation durch die Einwirkung der unterschiedlichen sozialen, soziologischen und pädagogischen Kräfte. In prononciertem Unterschied zum Gewissensverständnis von *Augustinus* folgt er einem Ansatz, wonach das intuitive Erfassen sittlicher Wahrheit auf ihre ersten Prinzipien beschränkt ist, dh. Gutes zu bewirken und von Bösem abzusehen, und das in der konkreten Situation gefasste Gewissensurteil zu verifizieren hat, inwieweit sich eine Handlung (positives Tun vs. pflichtwidriges Unterlassen) mit der Grundregel vernünftiger Sittlichkeit vereinbaren lässt.[215] Seiner vorskizzierten Differenzierung folgend, könne das Gewissen jedenfalls keiner Fehlvorstellung hinsichtlich seiner *prinzipiellen* Orientierung an den Kategorien von Gut und Böse unterliegen, sondern nur hinsichtlich der an *konkreten* Handlungen ausgerichteten

---

[208] Vgl *Rager* in Kröll/Schaupp, Gewissen (2013) 25 (26).
[209] Vgl *Hofmann,* ZfME 2021, 493 (502).
[210] Vgl *Schockenhoff,* Gewissen (2003) 103.
[211] Vgl *Hofmann,* ZfME 2021, 493 (502).
[212] Vgl *Hofmann,* ZfME 2021, 493 (502); *Lintner,* Ethica 25 (2017) 125 (126).
[213] Vgl *Rager* in Kröll/Schaupp, Gewissen (2013) 25 (26).
[214] Vgl *Schockenhoff,* Gewissen (2003) 104.
[215] Vgl *Schockenhoff,* Gewissen (2003) 106.

Entscheidung.[216] Resümierend lässt sich damit festhalten, dass das Gewissen für *Thomas von Aquin* stets verpflichtend ist und das menschliche Individuum in jedem Falle unbedingt bindet. Wer seinem Gewissen dessen ungeachtet im vollen Bewusstsein seiner geistigen Kräfte zuwiderhandele, unterminiere nicht nur die eigene sittliche Existenz und seinen Willen zum Guten, sondern sein Gehorsam gegenüber der Stimme Gottes.[217] Gleichwohl steht zu berücksichtigen, dass das Gewissen angesichts des stetem Wandels[218] der gesellschaftlichen Lebensrealitäten keine starre Kategorie sein kann, sondern einem ebenso dynamischen wie subjektiven Momentum unterliegt.[219] Jede pauschalierende oder typisierende Entscheidung muss angesichts der Situationsbezogenheit des Gewissens schnell an ihre Grenzen stoßen. Es käme der Quadratur des Kreises gleich, das menschliche Individuum nicht als ein einzigartiges Subjekt zu betrachten, sondern es wider besseres Wissen unter ein allgemeines Gesetz zu subsumieren.[220] In Anbetracht der Erkenntnisse *Thomas von Aquins* muss die Lebenswahrheit jedes Einzelnen (*veritas vitae*) als unvertretbar verstanden werden.

II. Rechtsgrundlagen der Gewissensfreiheit
1. Kodifizierung auf unionaler Ebene

Unter den für Österreich maßgeblichen unionalen Rechtsgrundlagen der Gewissensfreiheit ist *einerseits* Art 10 Abs 1 S. 1 EGRC hervorzuheben.[221] Unter der redaktionellen Überschrift der „Gedanken-, Gewissens- und Religionsfreiheit" wird hiernach jeder Person ein entsprechendes subjektives Freiheitsrecht[222] zugestanden. In weitgehender Übereinstimmung mit den anderen Rechtsgrundlagen der Gewissensfreiheit werden Gewissensentscheidungen hiernach als für die betroffene Person als unbedingt verpflichtend empfundene, an den Kategorien von Gut und Böse ausgerichtete Fragen (Gewissensfreiheit des Arztes bei Mitwirkung an IVF, PID, schwangerschaftsunterbrechenden Maßnahmen, Ausgabe der "Pille danach" durch einen Apotheker etc. – definiert.[223] Mit einer gewissensgeleiteten Entscheidung erreicht die grundrechtsberechtigte Person, in der Worten von *Luhmann*[224] gesprochen, eine neue Stufe der Reflexivität, nämlich die „Darstellung vor sich selbst".[225] Obgleich das *forum internum*[226] auch im Rahmen des Art 10 Abs 1 S. 1 EGRC als integrale Schutzgewährleistung der Gewissensfreiheit verstanden wird, votiert *Waldhoff* dafür, eine Extension auf gewissensgeleitete äußere Handlungen nur zurückhaltend zuzulassen und derjenigen Person

---

[216] Vgl *Schockenhoff,* Gewissen (2003) 108.
[217] Vgl *Schockenhoff,* Gewissen (2003) 111.
[218] Zum allgemeinen gesellschaftlichen Wandel Vgl bereits Darstellungspunkt A. I. 3. a).
[219] Vgl *Rager* in Kröll/Schaupp, Gewissen (2013) 25 (27).
[220] Vgl *Rager* in Kröll/Schaupp, Gewissen (2013) 25 (27).
[221] Grundlegend zum Grundrecht auf Gewissensfreiheit: *Kalb* in FS Paarhammer (2012) 867.
[222] Vgl *Kingreen/Waldhoff* in Callies/Ruffert, EUV/AEUV (2022) EGRC Art 10, Rn. 3; *Wallner,* EM 2010, 117 (120).
[223] Vgl *Kingreen/Waldhoff* in Callies/Ruffert, EUV/AEUV (2022) EGRC Art 10, Rn. 11.
[224] *Luhmann,* AÖR 1965, 257 (266).
[225] Vgl *Wallner,* EM 2010, 117 (119).
[226] Vgl *Luhmann,* AÖR 1965, 257 (266).

die Darlegungs- und Beweislast aufzuerlegen, die das Vorhandensein von Gewissensnot für sich beansprucht.[227] Gleichwohl streitet allein ihr sozialer[228] Bezug dafür, dass sie der einzelnen Person das subjektive Recht verleiht, in einer inneren Verpflichtung wurzelnde Entscheidungen nach außen zu vertreten und ihr Leben dementsprechend zu führen (*forum externum*).[229] Erfasst ist ihr subjektives Recht, auf der Betätigung und Ausübung des innersten Kerns ihrer individuellen Selbstbestimmung gründende Entscheidungen in einer Art und Weise zu treffen, wie es ihr richtig erscheint, ohne staatlicher Fremdbestimmung zu unterliegen.[230] Dementsprechende Entscheidungen sollte sie so treffen können, wie es ihrer selbst empfundenen zwingenden inneren Verpflichtung entspricht.[231] Ihre Rechtfertigung erhalten alle die das Gewissen des Arztes sowie des (nicht-) medizinischen Gesundheitspersonals schützenden Diskriminierungsverbote in der grundrechtlichen Gewährleistung der Gewissensfreiheit iSd Art 9 EMRK.[232] Die EMRK ist in Österreich mit Verfassungsrang ausgestattet ist.[233] Angesichts ihrer engen Verknüpfung mit der Menschenwürdegarantie und der personalen Identität der grundrechtsberechtigten Person wirkt die Gewissensfreiheit universell für alle Menschen.[234]

2. Kodifizierung im österreichischen Recht

Insbesondere um einer unverhältnismäßigen Verrechtlichung[235] des Arztberufes entgegenzuwirken, die zu besorgen wäre, wenn der Arzt – bildlich gesprochen – zu einem bloßen (fremdgesteuerten) „Vollzugsroboter" staatlich gesetzter Rechtsnormen herabgestuft würde und im Hinblick auf das Ziel einer störungsfreien medizinischen Versorgung nicht hinnehmbar wäre, ist die Gewissensfreiheit hierzulande verfassungsrechtlich geschützt. Angesichts ihrer Kodifikation durch Art 14 Abs 1 Var. 2 StGG wirkt sie zuvörderst als ein individuelles Abwehrrecht[236] gegen jegliche unverhältnismäßige Regulierung des Arztberufs.[237] Grundsätzlich berechtigt sie den Arzt nur dazu, eine Behandlung von vornherein abzulehnen oder sie später abzubrechen, wobei es stets der Einwilligung in die körperliche Integrität bedarf.[238] Konkretisiert wird sie insbesondere durch § 49 Abs 1 S. 1 ÄrzteG.[239]

---

[227] Vgl *Kingreen/Waldhoff* in Callies/Ruffert, EUV/AEUV (2022) EGRC Art 10, Rn. 11.
[228] Vgl *Wallner*, EM 2010, 117 (120).
[229] Vgl *Bernsdorff* in Meyer, Charta (2019) Art 10, Rn. 11; *Knecht* in Schwarze, EU-Kommentar (2019) EGRC Art 10, Rn. 6; *Lintner*, Ethica 25 (2017) 125 (125).
[230] Vgl *Knecht* in Schwarze, EU-Kommentar (2019) EGRC Art 10, Rn. 6; *Lintner*, Ethica 25 (2017) 125 (125).
[231] Vgl *Knecht* in Schwarze, EU-Kommentar (2019) EGRC Art 10, Rn. 6.
[232] Vgl *Generalkommission für Bioethik*, Gewissensverweigerung (2011) 1.
[233] Vgl *Kummer*, Gewissensfreiheit im Gesundheitsbereich (2016) 79 (79).
[234] Vgl *Kummer*, Gewissensfreiheit im Gesundheitsbereich (2016) 79 (79); *Schlögel/Merkl*, Ethica 24 (2016) 233
[235] Zu den gesetzlichen Grundlagen der ärztlichen Berufsausübung Vgl bereits Darstellungspunkt B. I.
[236] Vgl VfGH 09.03.2011, G287/09; *Wallner*, EM 2010, 117 (121).
[237] Zum Schutzumfang der Gewissensfreiheit iSd Art 9 EMRK, 14 StGG: VfGH 27.11.2013, B1168/2012.
[238] Vgl *Lintner*, Ethica 25 (2017) 125 (131).
[239] Zu den gesetzlichen Grundlagen der ärztlichen Berufsausübung Vgl bereits Darstellungspunkt B. I.

III. Gewährleistungsinhalt

1. Sachlicher Schutzbereich

a) Moralische Identität und Integrität als sachliches Schutzgut

Die Gewissensfreiheit schützt als sachliches Schutzgut die individuelle moralische Identität und Identität der grundrechtsberechtigten Person sowohl im Rahmen ihrer privaten als auch beruflichen Aktivitäten.[240] Sie impliziert damit, dass ihre innere moralische Identität im Zweifel unteilbar ist, ohne dass es auf die Lebenssphäre (Sozial-, Privat- oder Intimsphäre) ankommt, in der sich der aufzulösende Gewissenskonflikt aktualisiert. Geschützt sind moralische Kernüberzeugungen der grundrechtsberechtigten Person, die von ihr als sehr wichtig empfunden werden und mit weiteren religiösen Überzeugungen verknüpft sein können, nicht jedoch verknüpft sein müssen.[241] Zumal das Gewissen das Zentrum der innersten moralischen Überzeugungen eines Menschen bildet, darf es für seine Identität als moralisches Subjekt als konstitutiv gelten.[242] Einem dementsprechenden Gewissens folgend, dient die Anerkennung von Gewissensvorbehalten dem Anliegen, die moralische Integrität der grundrechtsberechtigten Person zu schützen, der Verletzungen drohen würden, wenn sie zu einem Handlung gezwungen würde, die nicht mit ihren moralischen Kernüberzeugungen im Einklang steht.[243] Angesprochen ist die eigene innere Instanz eines Menschen, die einen Handlungs- und Entscheidungsmaßstab auch für das ärztliche Handeln generiert.[244]

b) Religiöser vs. säkular-neutraler Gewissensbegriff

Der deontologischen Ethik[245] *Immanuel Kants* folgend, wonach die moralische Qualität von Entscheidungen und Handlungen nicht allein ihren absehbaren und voraussichtlichen Folgen, sondern zuvörderst der moralischen Qualität der individuellen Intention folgt, stellt die Menschenwürdegarantie das ISR des einzelnen Menschen ins Zentrum der freiheitlichen Normenhierarchie. Die Grundrechtsordnung garantiert seine Freiheit, wobei er sich in seiner Personalität und Individualität selbst verantwortlich ist.[246] So lässt sich das Gewissen iSd Art 14 Abs 1 Var. 1 StGG nach allgemeiner Definition als die individuelle, an den Kategorien von Gut und Böse ausgerichtete Eingabe eines Menschen definieren, die dieser in einer *konkreten* Situation als für sich selbst bindend erfährt und gegen die zu handeln ihm nicht ohne ernste Gewissensnot möglich ist.[247] Der Rekurs auf das Vorhandensein ernster Gewissensnot bezieht sich *Wallner* zufolge auf die integritätssichernde Funktion des Gewissens, wobei die Integrität

---

[240] Vgl *Lintner,* Ethica 25 (2017) 125 (125).
[241] Vgl *Hofmann,* ZfME 2021, 493 (496).
[242] Vgl *Hofmann,* ZfME 2021, 493 (502).
[243] Vgl *Hofmann,* ZfME 2021, 493 (502).
[244] Vgl *Berka/Binder/Kneihs,* Grundrechte (2019) 411; *Lintner,* Ethica 25 (2017) 125 (126).
[245] Zur deontologischen Ethik *Immanuel Kants* Vgl bereits Darstellungspunkt A. I. 1.
[246] VfGH 11.12.2020, G139/2019 (G139/2019-71), N 5.3.
[247] Vgl *Berka/Binder/Kneihs,* Grundrechte (2019) 411; BVerfG 11.04.1972, BvR 75/71; BVerfGE 33, 23; BVerwG 21.06.2005, 2 WD 12.04; BVerwGE 127, 302.

das „Fundament" der personalen Identität ausmache und – im Kontext einer freiheitlichen Gesellschaft – ein überaus zentrales Rechtsgut bildet.[248] Dabei streitet der enge systematische Zusammenhang der Gewissens- mit der Religionsfreiheit in Art 9 Abs 1 S. 1 EGRC und Art 14 Abs 1 StGG *einerseits* für einen religiösen Bedeutungskern der Gewissensfreiheit.

Allein bedingt durch die Zuwanderung nach Österreich und andere EU-Mitgliedstaaten nehmen die (gefühlten) Friktionen zwischen religiösen Gebräuchen und Wertvorstellungen in den Gesellschaften der westlichen Hemisphäre erkennbar zu.[249] Im IPS-Kontext, den es im Rahmen der Gesetzesauslegung allein auf Grund der Menschenwürdegarantie, des normativen Individualismus sowie der deontologischen Ethik[250] *Immanuel Kants* zu berücksichtigen gilt, streitet *andererseits* einiges dafür, dass der Begriff des Gewissens (auch) in einem säkular-neutralen Sinne verstanden werden kann.[251] Als säkular verstandene Geistesfreiheit ermöglicht die Gewissensfreiheit, sein Gewissen frei, autonom und unbeeinflusst von äußerem Zwang zu bilden.[252] In ihrem Kernbereich soll sie ihm eine sinnstiftende Selbstidentifikation ermöglichen.[253] Sie enthält ein Bekenntnis des Staates, auf die Deutungshoheit des Wahren und Richtigen zu verzichten.[254] Wesentlich erscheint dieses insbesondere im Rahmen der Diskussion über die Zulässigkeit der Sterbehilfe[255].

Allein angesichts des Bekenntnisses Österreichs zur politisch-weltanschaulichen Neutralität – *per definitionem* verpflichtet diese zur Zurückhaltung in Fragen, welche die Gesamtsicht der Welt sowie die Stellung des Einzelnen darin betreffen, ohne dass es auf einen transzendenten Bezug ankommt[256] –, steht das menschliche Individuum im Zentrum einer an der Menschenwürde ausgerichteten Rechts- und Werteordnung. Sowohl eine paternalistische[257] Medizin als auch eine „Staatsreligion" ließen sich mit diesem Menschenbild nicht in Einklang bringen. Weiters stellt das StGG die Gleichheit vor dem Gesetz, nicht hingegen ein religiöses Bekenntnis wie die Präambel der EGRC („Bewusstsein ihres geistig-religiösen und sittlichen Erbes") an ihren Anfang, sodass es nicht zu überzeugen, vermag, anstelle der geistig-sittlichen Vernunft des Einzelnen das überlieferte Wort einer überweltlichen oder metaphysischen Instanz zum Gradmesser menschlichen Handelns zu machen. So kann sich die Gewissensentscheidung eines Arztes auf eine religiöse Instanz stützen, ohne weniger schutzwürdig zu sein als die Rückkopplung auf eine „innere Stimme" des Menschen, die sich im Laufe seiner Sozialisation herausgebildet hat. Festzuhalten ist jedenfalls, dass die

---

[248] *Wallner*, EM 2010, 117 (120).
[249] Vgl *Bernsdorff* in Meyer, Charta (2019) Art 10, Rn. 1.
[250] Zur deontologischen Ethik *Immanuel Kants* Vgl bereits Darstellungspunkt A. I. 1.
[251] Vgl *Bernsdorff* in Meyer, Charta (2019) Art 10, Rn. 11; *Wallner*, EM 2010, 117 (120).
[252] Vgl *Berka/Binder/Kneihs*, Grundrechte (2019) 411.
[253] Vgl *Herdegen* in Merten/Papier, Grundrechte IV (2011) § 98, Rn. 8.
[254] Vgl *Herdegen* in Merten/Papier, Grundrechte IV (2011) § 98, Rn. 1.
[255] Zu den Dilemmata der Sterbehilfe vgl *Pollak* in Pollak/Amara, Grenzverläufe (2020) 17.
[256] Vgl *Kingreen/Waldhoff* in Callies/Ruffert, EUV/AEUV (2022) EGRC Art 10, Rn. 13.
[257] Zum paternalistischen Modell vgl bereits Darstellungspunkt A. I. 3. b).

Gedanken-, Gewissens- und Religionsfreiheit miteinander verwoben und ihre Übergänge fließend sind.[258] *Wallner* spricht insoweit von einer „aggregierten Grundrechtsnorm".[259] Weder Art 9 Abs 1 S. 1 Var. 2 EMRK noch Art 10 Abs 1 S. 1 EGRC und auch nicht Art 14 Abs 1 Var. 2 StGG lässt sich eine nähere Eingrenzung entnehmen, was genau unter dem Gewissen zu verstehen ist. Der Gewissensbegriff ist *einerseits* durch seine rechtliche Unbestimmtheit, *andererseits* indessen durch seine Entwicklungsoffenheit, Dynamik und seine Zugänglichkeit insbesondere für rechtsethische[260] und moraltheoretische Konzeptionen geprägt. Jede der Kodifikationen setzt den Gewissensbegriff voraus, wodurch die Gewährleistung der Gewissensfreiheit zu einem normativ geprägten Grundrecht erstarkt. So erscheint eine religiöse Ausrichtung ebenso gut vertretbar wie eine säkular-neutrale Ausrichtung des Gewissensbegriffs. Soll die Gewissensfreiheit die innere moralische Identität und Integrität schützen, muss es der Autonomie des Einzelnen überlassen bleiben, über Gut und Böse zu entscheiden, um seine individuelle Freiheit bestmöglich vor Fremdbestimmung zu schützen. Im Rahmen der Versorgung mit MGD ist gleichwohl zu fordern, dass ein Arzt sein Publikum möglichst frühzeitig über seine Gewissenshaltung informiert, um Konflikte zwischen der ärztlichen Gewissensfreiheit, dem subjektiven Recht der betroffenen Person auf Zugang zur Gesundheitsvorsorge und auf ärztliche Versorgung (Art 35 S. 1 EGRC) und ihrem ISR in medizinischen Fragen möglichst gar nicht erst eintreten zu lassen. So ist *einerseits* die Gewissensfreiheit des Arztes zu bekräftigen. *Andererseits* wird ihm in allein Anbetracht der typischerweise eingeschränkten Verfügbarkeit medizinischer Ressourcen und der Zielsetzung iSd Art 35 S. 2 EGRC gerade im Kontext der COVID-19-Pandemie aus wohlfahrtsallokativen Erwägungen abzuverlangen sein, dass der seinem Gewissen folgende Arzt sein Publikum explizit über seine Gewissenshaltung angemessen in Kenntnis setzt. Sind die medizinischen Nachfrager dementsprechend informiert, kann ihm nach der hier vertretenen Rechtsansicht allein angesichts der Ubiquität des Internet grundsätzlich nicht abverlangt werden, sein Publikum über alternative Anbieter zu informieren. Insistiert eine betroffene Person auf individueller Selbstbestimmung in medizinischen Fragen und beansprucht sie eine ganz bestimmte medizinische Behandlung, kann es ihr im Umkehrschluss – gewissermaßen als Annex ihrer individuellen Selbstbestimmung – abverlangt werden, sich selbst eigeninitiativ über entsprechende Anbieter zu informieren, soweit kein medizinischer Notfall vorliegt, der ein unverzügliches ärztliches Handeln gebietet.[261]

In Anbetracht des steten Wandels[262] der gesellschaftlichen Lebensverhältnisse, der engen Anknüpfung der Gewissensfreiheit an die individuelle Selbstbestimmung des Einzelnen und

---

[258] Vgl *Bernsdorff* in Meyer, Charta (2019) Art 10, Rn. 11; *Deinhammer,* Ethica 25 (2017) 195; *Lintner,* Ethica 25 (2017) 125 (125).
[259] Vgl *Wallner,* EM 2010, 117 (121).
[260] Zu den medizinethischen Prinzipien nach *Beauchamp/Childress* Vgl Darstellungpunkt B. II. 4. a).
[261] Zur Notfallbehandlung vor dem Spital: *Holzgruber/Felke-Mangi/Kreidl,* RdM 2019, 179
[262] Zum allgemeinen gesellschaftlichen Wandel Vgl bereits Darstellungspunkt A. I. 3. a).

der angesichts der Freiheitsgrundrechte gebotenen Abkehr von jeglicher Form einer paternalistischen[263] Medizin ist es letztlich dem Parlamentsgesetzgeber zugewiesen, die Gewissensfreiheit näher auszugestalten und sie den praktischen Bedürfnissen der Lebenswirklichkeit beständig anzupassen. In den Grenzen seines Ausgestaltungsspielraums kann der Gesetzgeber hierbei auch rechts- und medizinethischen[264] Prinzipien und Grundüberzeugungen Rechnung tragen, zumal auch die Abgeordneten des Nationalrates als frei gewählte Abgeordnete im Zweifel allein ihrem Gewissen unterworfen sind bei der Ausgestaltung der Gewissensfreiheit selbst Gewissensfreiheit für sich beanspruchen können.

c) Innere vs. äußere Gewissensfreiheit (*forum internum* vs. *forum externum*)

Zumal die Gewissensfreiheit ihre vom Verfassungsgesetzgeber intendierte Wirkung, den Einzelnen angesichts der Omnipräsenz des Staates vor unverhältnismäßiger Fremdbestimmung zu schützen, die sich mit einer an der Menschenwürdegarantie ausgerichteten Rechts- und Werteordnung nicht vereinbaren ließe und ihn zum Objekt staatlichen Handels machen würde, umfasst sie nicht nur das sog. *forum internum*[265], dh. die Entstehung, das Heranreifen, das innere „Mitsichtragen" sowie die stete Weiterentwicklung und Anpassung innerer moralischer Überzeugungen. Typischerweise umfasst der Beruf des Arztes im hier verstandenen Sinne ein über das Wirken im „stillen Kämmerlein" hinausgehendes Wirken unmittelbar am Menschen, wobei sich Konflikte manifestieren können, die über die medizinische (Grund-) Versorgung hinaus Lebensschutz iSd Art 2 Abs 1 S. 1 EMRK betreffen. Entsprechende Konflikte können insbesondere im Falle des Schwangerschaftsabbruchs oder der PID resultieren, wenn die betroffene Person einer lebensbedrohlichen (Notfall-) Situation ausgesetzt ist, ihren Willen nicht explizit zu äußern vermag und das ISR einer (schutzlosen) dritten Person wie einem Embryo nach Vollendung der Nidation[266] betroffen ist. Unter diesen Umständen würde es der praktischen Lebenswirklichkeit nicht gerecht werden, würde über das *forum internum* hinaus nicht auch das Verhältnis des Arztes zu anderen Personen geschützt, dh. der soziale Wirkungsbereich eines Arztes respektive das (medizinische) *forum externum*.[267] Als untrennbarer Bestandteil der personalen Identität der grundrechtsberechtigten Person umfasst das Gewissen deshalb auch deren Umsetzung und Vollzug in Gestalt *konkreter* Handlungen (sog. *forum externum*).

---

[263] Zum paternalistischen Modell Vgl bereits Darstellungspunkt A. I. 3. b).
[264] Zu den medizinethischen Prinzipien nach *Beauchamp/Childress* Vgl Darstellungspunkt B. II. 4. a).
[265] Vgl *Kalb/Riss* in Resch/Wallner, Medizinrecht (2020) XXXV, Rn. 76.
[266] Vollendung der Einnistung der befruchteten Eizelle in die Gebärmutter; vgl *Urbanz* Schwangerschaftsabbruch (2018) 56.
[267] Vgl *Kalb/Riss* in Resch/Wallner, Medizinrecht (2020) XXXV, Rn. 76.

2. Personaler Schutzbereich

Unbestritten steht die Gewissensfreiheit sämtlichen *natürlichen* Personen zu, die freiberuflich oder angestellt am Gesundheitswesen mitwirken.[268] Dem Gesetzeswortlaut weder des Art 9 Abs 1 EMRK („jede Person") noch des Art 14 Abs 1 StGG („jedermann") lässt sich gleichwohl keine Begrenzung des personalen Schutzbereichs der Gewissensfreiheit auf natürliche Personen entnehmen. So stellt sich die Frage, ob sich nur natürliche Personen iSd § 16 S. 1 ABGB auf die Gewissensfreiheit berufen können oder ob sie weiters juristischen Personen zuzuerkennen ist. Sowohl ihre Ratio legis, die persönliche (moralische) Identität und Integrität der grundrechtstragenden Person zu schützen, als auch ihre enge Verwobenheit mit der Menschenwürdegarantie und die Spezifität ihres Schutzgutes, das davon erfasste ISR wirksam gegen jegliche Art von Fremdbestimmung zu schützen, streiten *einerseits* dafür, ihren personalen Schutzbereich auf natürliche Personen iSd § 16 S. 1 ABGB zu begrenzen.

Nach dem bisherigen Darstellungsergebnis schützt die Gewissensfreiheit gerade auch das *forum externum*. Insbesondere auf Grund der Allgegenwärtigkeit des Staates, der zunehmenden Marktmacht[269] privatwirtschaftlicher Unternehmen und des wachsenden Einflusses nichtwirtschaftlich tätiger NGOs nicht nur im Wege des Lobbyings auf den zur gesetzlichen Ausgestaltung der Gewissensfreiheit berufenen Nationalrat (NR) kann die Zuerkennung des *forum externum* zu einem „stumpfen Schwert" werden, insbesondere wenn es um die Bewältigung die Gesamtgesellschaft betreffender Dilemmata geht. So streitet *andererseits* einiges dafür, die Gewissensfreiheit jedenfalls nichtwirtschaftlich tätigen juristischen Personen zuzusprechen. Zu erwägen ist dieses jedenfalls, wenn ihre innere Willensbildung demokratischen Grundsätzen entspricht, transparent ausgerichtet ist und die juristische Person über ein Minimum finanzieller Unabhängigkeit verfügt. Unter diesen (Mindest-) Voraussetzungen kann die Gewissensfreiheit auch bei juristischen Person als ein wichtiges Korrektiv gegenüber der Übermacht insbesondere von Konzernunternehmen wirken, die der „inneren Stimme" des Einzelnen Gewicht und Gehör verschafft.

IV. Schutzrichtung

Der Wortlaut sowohl des Art 9 Abs 1 EMRK („Recht auf Gewissensfreiheit") als auch des Art 14 Abs 1 StGG („volle Gewissensfreiheit") streitet *einerseits* dafür, die Gewissensfreiheit, wie sie nach geltendem österreichischen Recht geschützt ist, als ein Freiheitsgrundrecht zu qualifizieren, das vornehmlich darauf abzielt, die moralische Identität und Integrität des Einzelnen insbesondere gegenüber jeglicher Form staatlicher Fremdbestimmung zu schützen,

---

[268] Vgl *Kummer*, Gewissensfreiheit im Gesundheitsbereich (2016) 79 (79); für eine Begrenzung auf natürliche Personen: *Wallner*, EM 2010, 117 (121).
[269] Die Marktmacht rekurriert auf die Fähigkeit eines Unternehmens, den Preis für ein Produkt für eine gewisse Dauer über dem allgemein vorherrschenden Preisniveau zu halten; vgl *Barth/Budde,* BB 2011, 1859.

und folgerichtig als ein Abwehrrecht[270] (*status negativus*[271]) einzuordnen ist. Insbesondere die Notwendigkeit, den Einzelnen wirksam gegenüber den unterschiedlichen Erscheinungsformen sowohl von Marktmacht als auch das Lobbying zu schützen, um seinem Geltungsanspruch auf Schutz seines *forum externum* zur größtmöglichen praktischen Wirksamkeit (*effet utile*[272]) zu bringen, streiten angesichts der gesellschaftlichen Realität dafür, dass die Gewissensfreiheit auch eine positive Schutzpflicht des Staates (*status positivus*) umfassen kann.

V. Schranken

Dem Gesetzeswortlaut weder des Art 9 Abs 1 EMRK noch des Art 14 Abs 1 StGG („*volle*…Gewissensfreiheit") lassen sich explizite Schranken der Gewissensfreiheit entnehmen. Zumal es die Rechtsordnung selbst ist, die der grundrechtsberechtigten Person die Gewissensfreiheit als subjektives (Abwehr-) Recht zuerkennt und mit deren Schutz sie ggf. durchsetzbar ist, kann sie in einem rechtsstaatlich verfassten Gemeinwesen, dessen vornehmliche Funktion darin besteht, naturgemäß unterschiedliche Interessen einem für alle Beteiligten akzeptablen Ausgleich zuzuführen, nicht schrankenlos sein. Sie derogiert nicht von der Bindung an das (geschriebene) Recht. Dem Grundsatz nach ist jedes Grundrecht zumindest den verfassungsimmanenten Schranken anderer Grundrechte unterworfen.[273] Wenn das Europäische Parlament unter Z 2 EUP-Res. 1763 zu der Feststellung gelangt, dass sich die Inanspruchnahme der Gewissensfreiheit nicht in einer Einschränkung des effektiven Zugangs zur medizinischen Versorgung auswirken dürfe, so darf dieses als ein Anhaltspunkt gewertet werden, dass die Gewissensfreiheit (ungeschriebenen) verfassungsimmanenten Schranken unterworfen ist.[274] So ist die Gewissensfreiheit im Konfliktfall mit den widerstreitenden verfassungsgeschützten Positionen auszugleichen, sodass jedes (Grund-) Recht seinen optimalen Wirk- respektive Kernbereich entfalten kann, wobei ihre Schutzwürdigkeit und Schutzbedürftigkeit in der konkreten Situation zu berücksichtigen sind.[275]

D. GESETZLICHE KONKRETISIERUNG DER GEWISSENSFREIHEIT DURCH GEWISSENSVORBEHALTSKLAUSELN ZU GUNSTEN VON ÄRZTEN UND GESUNDHEITSPERSONAL

I. Begriffliche Eingrenzung

Gerade im Hinblick auf den GV sind die medizinethischen Prinzipien vielfach mit den juristischen Determinanten des Arztberufes verwoben. Das vierte Kapitel soll deshalb den dem

---

[270] Vgl *Herdegen* in Merten/Papier, Grundrechte IV (2011) § 98, Rn. 9.
[271] Vgl *Kalb/Riss* in Resch/Wallner, Medizinrecht (2020) I, Rn. 39 ff; Zur Schutzrichtung der Gewissensfreiheit vgl bereits Darstellungspunkt C. IV.
[272] Zum Kriterium der praktischen Konkordanz vgl bereits Darstellungspunkt B. I. 1.
[273] Vgl *Merli*, Handlungsfreiheit (1994) 233.
[274] Vgl *Kummer*, Gewissensfreiheit im Gesundheitsbereich (2016) 79 (79); *Wallner*, EM 2010, 117 (122).
[275] Vgl *Ziegler*, GesR 2021, 483 (487).

GV zugrundeliegenden Kernkonflikt fokussieren. In Anbetracht des IPS-Kontextes[276], demographischen Wandels und Digitalisierung steht das Recht auf GV in der medizinischen Versorgung zunehmend in der öffentlichen Diskussion.[277] Dass es seiner rechtlichen Normierung bedarf, unterstreicht insbesondere die EUP-Res. 1763, welche die Geltung der Gewissensfreiheit im Gesundheitswesen explizit bekräftigt.[278] *Per definitionem* geht es um die gesetzliche Berechtigung von Ärzten und im Gesundheitswesen Beschäftigter (Fahr- und Bereitschaftsdienste, Reinigungspersonal, Beschäftigte in der Finanzierung und Abrechnung medizinischer Leistungen etc.), eine bestimmte medizinische Leistung oder die Mitwirkung daran abzulehnen, weil sie Grundfragen ihrer moralischen Identität und Integrität berühret. Hochrelevant ist *einerseits* die Ablehnung der Mitwirkung von Ärzten und (nicht-) medizinischem Gesundheitspersonal am assistierten Suizid[279] – ein Dilemma, das angesichts der VfGH-Judikatur[280] vom 11.12.2020 verstärkt ins Bewusstsein der Öffentlichkeit gerückt ist.[281] Danach verstößt das Verbot des assistierten Suizids, wie es bislang durch § 78 StGB kodifiziert war – hiernach wurde mit Freiheitsstrafe mit sechs Monaten bis zu fünf Jahren bestraft, wer einen anderen dazu verleitet, sich selbst zu töten oder ihm dazu Hilfe zu leisten –, gegen das ISR. Nach Überzeugung des VfGH widerspreche es diesem Recht, das ein (Grund-) Recht auf menschenwürdiges Sterben umfasse, soweit es eine Hilfeleistung zur Selbsttötung ausnahmslos untersagt. So unterstreicht der erkennende Senat, dass die Lebensschutzpflicht nicht die Aufgabe des Staates umfasse, eine sterbewillige Person vor einem frei gewünschten Suizid zu schützen.[282] Die Aufhebung des Verbots des assistierten Suizids greift zum 01.01.2022. Weitere prominente Anwendungsbeispiele, die das rechtspraktische Bedürfnis für den GV unterstreichen, sind *anderseits* Fälle der Abreibung oder Euthanasie, die allesamt auf die Tötung eines Menschen hinauslaufen und *prima vista* gegen die Lebensschutzpflicht verstoßen.[283] Hochrelevant ist schließlich die Inanspruchnahme eines GV von Apothekerinnen und Apothekern bei der Abgabe der schwangerschaftsunterbrechenden „Pille danach".[284] Eine Klärung insbesondere der situationsbezogenen Entscheidungsoptionen sowohl von Ärzten als auch (nicht-) medizinischem Gesundheitspersonal erscheint umso dringlicher, als dass die professionellen Anforderungen innerhalb eines demokratisch legitimierten Gesundheitssystems (*professional duties*) angesprochen sind.[285] Das Vierte Kapitel soll grundlegende philosophische Ansätze

---

[276] Zum allgemeinen gesellschaftlichen Wandel vgl bereits Darstellungspunkt A. I. 3. a).
[277] Vgl *Kummer*, Gewissensfreiheit im Gesundheitsbereich (2016) 79 f
[278] Vgl *Generalkommission für Bioethik*, Gewissensverweigerung (2011) 1.
[279] Zur Kriminalisierung des assistierten Suizids: *Birklbauer*, RdM 2016, 84; Zum ärztlichen Verweigerungsrecht: *Rebhahn*, RdM 2013, 236.
[280] VfGH 11.12.2020, 139/2019-71; veröffentlicht unter https://www.vfgh.gv.at/downloads/VfGH-Erkenntnis_G_139_2019_vom_11.12.2020.pdf; zuletzt abgerufen am 28.04.2022.
[281] Vgl *Birklbauer*, RdM 2016, 84 (87).
[282] VfGH 11.12.2020, G139/2019 (G139/2019-71), N 5.2.
[283] Vgl *Kummer*, Gewissensfreiheit im Gesundheitsbereich (2016) 79 (79).
[284] Vgl *Wallner* in Kröll/Schaupp, Gewissen (2013) 32.
[285] Vgl *Schaupp* in Kröll/Schaupp, Gewissen (2013) 10.

und Möglichkeiten aufzeigen, wie sich die widerstreitenden Positionen miteinander in Einklang bringen lassen, bevor auf ausgewählte Gesetzesakte eingegangen wird.

II. Dem Gewissensvorbehalt zugrundeliegender Kernkonflikt
1. Kollision zwischen widerstreitenden verfassungsmäßigen Rechten

Auf Grund des Leitbildes der ärztlichen Profession als freier Beruf, das für die hier zu klärende Frage nach der Sinnhaftigkeit des GV für Ärzte und (nicht-) medizinisches Gesundheitspersonal essenziell ist, gilt es nunmehr zu klären, inwieweit die grundrechtlich geschützte Gewissensfreiheit die Berufsausübung des Arztes durchdringt. Angesichts seiner EU-Mitgliedschaft kann die Zielsetzung iSd Art 35 S. 2 EGRC in Österreich uneingeschränkte Geltung beanspruchen kann. Insbesondere zielt sie darauf ab, einen möglichst diskriminierungsfreien Zugang sowohl zur medizinischen als auch ärztlichen Versorgung für möglichst jedermann sicherzustellen. Gleichwohl gebieten es nicht nur der Respekt gegenüber der Identität und Integrität des Arztes und des (nicht-) medizinischen Gesundheitspersonals, sondern das in der unionalen Zielsetzung wurzelnde Anliegen einer bestmöglichen Gesundheitsversorgung, ihre Profession vor unverhältnismäßiger Fremdbestimmung insbesondere durch gesetzliche Vorschriften zu schützen, die sich darin auswirken kann, dass der Arzt sein medizinisches Können nicht vollständig ausschöpfen kann. So kann es die Zielsetzung iSd Art 35 S. 2 EGRC gebieten, die Entscheidung über die Zulässigkeit des Einsatzes bestimmter Therapien und Heileingriffe nicht schon auf abstrakt-genereller Ebene durch Gesetze und Rechtsverordnungen zu treffen. Vielmehr kann es angesichts seiner medizinisch-fachlichen Expertise vorzugswürdig sein, sie dem Arzt in der konkret-individuellen Behandlungssituation zu überlassen. Seitens des Gesetzgebers wäre bei einer dementsprechenden Dezentralisierung der medizinischen Verantwortung gleichwohl darauf hinzuwirken und sicherzustellen, dass die Anforderungen des *informed consent* in jeder Behandlungsphase von der erstmaligen Konsultation des Arztes über die Anamnese, die Entscheidung für einen bestimmten therapeutischen Eingriff bis zu seinem Vollzug gewahrt sind. Grundrechtliches Schutzgut ist dabei *einerseits* die Gewissensfreiheit des Arztes oder (nicht-) medizinischen Gesundheitspersonals. Vornehmliches grundrechtliches Schutzgut ist *andererseits* das ISR der betroffenen Person, die angesichts der jüngeren höchstrichterlichen VfGH-Judikatur insbesondere zur (Nicht-) Strafbarkeit der Beihilfe zum Suizid zunehmend ins Zentrum der ärztlichen Behandlung rückt. Jedenfalls unter der Prämisse, dass beide Grundrechte in Anbetracht ihrer Verwurzelung in der Menschenwürdegarantie im Zweifel schrankenlos zu gewährleisten sind, ohne die rechtsstaatlichen Bindungen beider Seiten infrage zu stellen, geht es weniger um eine Frage der praktischen Konkordanz respektive des *effet utile*.[286] Vielmehr sind die kollidierenden Grundrechte ins Verhältnis zu setzen, indem der

---

[286] Zum Kriterium der praktischen Konkordanz vgl bereits Darstellungspunkt B. I. 1.

Arzt die betroffene Person frühzeitig über seine Gewissensvorbehalte informiert und diese nicht erst im Rahmen der laufenden Behandlung zum Ausdruck bringt, etwa wenn es um die Einstellung der künstlichen Ernährung eines hochgradig demenzkranken Menschen geht, der seinen Willen nicht mehr explizit zum Ausdruck bringen vermag.

2. *personal beliefs* vs. *professional duties*

Zwar unterliegen die allermeisten Ärzte allein auf Grund ihrer grundrechtsgeschützten Berufsfreiheit (Art 18 StGG) keinem rechtlichen Kontrahierungszwang.[287] Zur sofortigen Hilfe verpflichtet sind sie lediglich auf Grund des § 95 StGB, der die Unterlassung der Hilfeleistung unter Strafe stellt. Gebunden sind sie weiters durch die Ablegung ihres hippokratischen Eides vor Beginn ihrer ärztlichen Berufsausübung, der sie darauf verpflichtet, jedenfalls in Notfällen Hilfe zu leisten und Leben zu retten. Dessen ungeachtet stellt sich die Frage, ob ein Arzt eine bestimmte medizinische Behandlung allein auf Grund seiner Überzeugung vom absoluten Lebensschutz oder anderer persönlicher Werthaltungen selbst dann abzulehnen berechtigt ist, wenn der betroffenen Person hierdurch ein (irreversibler) Schaden an ihrer Gesundheit entsteht. Nicht nur der Kernkonflikt zwischen der Gewissensfreiheit des Arztes, dem ISR sowie dem allgemeinen Interesse an möglichst diskriminierungsfreiem Zugang zu MGD (Art 35 S. 1 iVm Art 21 EGRC) und die Rechtsnormen zu seiner Eindämmung werden unter diesen Voraussetzungen praktisch herausgefordert. So stellt sich die Frage nach der rechtsethischen Gewichtung der persönlichen Werthaltungen des Arztes (*personal beliefs*) und seinen professionellen Pflichten.

3. *Objection* vs. *obstruction*

Um die Gewissensfreiheit von Ärzten und (nicht-) medizinischem Gesundheitspersonal und das ISR betroffener Personen miteinander in Einklang zu bringen, lässt sich – den Ansätzen von *Lustig*[288] und *Wicclair*[289] folgend – grundsätzlich zwischen dem Recht medizinischen Personals auf Enthaltung von einer Leistung aus Gewissensgründen (*objection*) und der Nichtexistenz eines Rechts unterscheiden, (manipulierend) auf die betroffene Person einzuwirken, um sie *aktiv* von der Verfolgung ihrer Vorhaben abzuhalten (*obstruction*).[290] Hiervon ist selbst dann auszugehen, wenn sich hieraus medizinisch unvernünftige oder lebensbedrohliche Folgen resultieren.[291] Dem Konzept des *objection* folgend, soll eine den vorskizzierten Anforderungen entsprechende Zurückweisung einer betroffenen Person grundsätzlich zulässig sein. Inwieweit die Ablehnung einer nachgefragten medizinischen Behandlung als *objection* oder *obstruction* einzuordnen ist, hängt nicht allein vom Typus der

---

[287] Vgl *Jesser-Huß* in Resch/Wallner, Medizinrecht (2020) III, Rn. 37.
[288] Vgl *Lustig,* Christian bioethics 2012, 72.
[289] Vgl *Wicclair,* CQHCE 2017, 7.
[290] Vgl *Lintner,* Ethica 25 (2017) 125 (129).
[291] Vgl *Lintner,* Ethica 25 (2017) 125 (128).

in Rede stehenden Behandlung (Zurückweisung eines Operationsverlangens, „Verlegung" einer ärztlichen Verordnung etc.) ab. Maßgeblich sind die konkreten situativen Gesamtumstände, die es mit Blick auf die verfassungsrechtlichen Determinanten (Recht auf diskriminierungsfreien Zugang zur Gesundheitsversorgung und auf ärztliche Versorgung iSd Art 35 S. 1 EGRC, Gewissensfreiheit, ISR), ihrer (abstrakt-generellen) Schutzwürdigkeit und ihrer (konkret-individuellen) Schutzbedürftigkeit miteinander abzuwägen gilt.

4. Zwischenergebnis

Der GV sowohl für Ärzte als auch für (nicht-) medizinisches Gesundheitspersonal erscheint somit schon *prima facie* als sinnvoll, allein um im IPS-Kontext, in dem der Wille des Einzelnen – der deontologischen[292] Ethik *Immanuel Kants* folgend – zur einzig maßgebenden Instanz avanciert ist. Die deontologische Ethik sowie dem normativen Individualismus[293] zutreffend erfasst, kann es hierbei ungeachtet ihrer engen Verknüpfung mit der theologisch verorteten Glaubensfreiheit iSd Art 14 Abs 1 Var. 1 StGG nicht auf einen *bestimmten* Gottesbezug ankommen. Sowohl auf Seiten des Arztes als auch auf der betroffenen Person kann es lediglich darum gehen, dass Kernbestandteile der Identität und Integrität der Persönlichkeit betroffen sind, die angesichts der engen Verknüpfung der Gewissensfreiheit mit der Menschenwürdegarantie – hierfür streitet allein der Gesetzeswortlaut des Art 14 Abs 1 StGG („volle") – grundsätzlich uneingeschränkt zu gewährleisten sind. Die freiheitliche Grundordnung Österreichs fußt auf der Souveränität und Autonomie selbstbestimmter Subjekte, die auf Grund ihrer in der Beachtung des positivierten Rechts zum Ausdruck gelangenden Identifikation mit dem Staat in einer Nation verbunden sind.

III. Grundsätzliche Möglichkeiten zur Beilegung des Kernkonflikts
1. Rechtspraktisches Bedürfnis für eine Auflösung des Kernkonflikts

Der Frage nach der Sinnhaftigkeit des GV liegt nach alledem um die Bewältigung des Kernkonflikts zugrunde, den grundsätzlich freien Beruf des Arztes im IPS-Kontext so ausüben zu dürfen, wie es der individuellen Identität und Integrität der berufsausübenden Person entspricht. Angesichts der Zielsetzung iSd Art 35 S. 2 EGRC und des Grundrechts auf diskrimierungsfreien Zugang zur ärztlichen Versorgung (Art 35 S. 1 EGRC) stellt sich deshalb die Frage nach Wegen und Möglichkeiten, wie sich der Konflikt so auflösen lässt, dass möglichst beide grundrechtsgeschützten Positionen (Gewissensfreiheit des Arztes vs. ISR) der betroffenen Person zur optimalen Wirksamkeit (*effet utile*) gelangen.[294]

---

[292] Zur deontologischen Ethik *Immanuel Kants* Vgl bereits Darstellungspunkt A. I. 1.
[293] Zum normativen Individualismus vgl bereits Darstellungspunkt B. II. 1. b.1).
[294] Zum Kriterium der praktischen Konkordanz vgl bereits Darstellungspunkt B. I. 1.

2. Ausgewählte Ansätze
a) Inkompatibilitätsthese vs. Gewissensabsolutismus

Unter den Extrempositionen ist *einerseits* die Inkompatibilitätsthese des australischen Philosophen und Bioethikers *Julian Savulescu*[295] hervorzuheben, der auf eine strikte Trennung von beruflicher und privater Sphäre setzt und es prinzipiell ablehnt, dass Ärzte eine nachgefragte medizinische Leistung aus Gewissensgründen ablehnen dürfen. Dem stehen *andererseits* die gewissensabsolulistischen Ansätze gegenüber, wie sie namentlich von US-Amerikanischen Philosophen *Hugo Tristam Engelhardt* (1941-2018) vertreten werden. Letztere dehnen den GV sehr weit aus und wollen diesen grundsätzlich auf jeden für den Erfolg der (unerwünschten) therapeutischen Maßnahme irgendwie kausalen Beitrag erstrecken. *Per definitionem* sind mit der Wendung des Gewissensabsolutismus jene Ansätze angesprochen, welche den GV derart ausdehnen, dass die betroffenen Akteure (Ärzte, Pflegekräfte, Apotheker etc.) über die konkret nachgefragte Leistung hinaus jegliche Mitwirkung hieran (Mitwirkung an der Produktion sowie am Vertrieb therapieunterstützender Medikamente und Medizinprodukte, Logistik, Administration, Reinigung von Operationsräumen etc.) ablehnen können sollen.[296] Dem Irländischen Philosophen *Christopher Cowley* zufolge geht es den Vertretern gewissensabsolutistischer Ansätze darum, sich von jeglicher kausalen Mitwirkung an der nachgefragten Therapie loszusagen, ohne dass es darauf ankommt, ob es um ihre Umsetzung, Autorisierung, Supervision oder zielgerichtete Informationsdienste handelt.[297]

b) Die Inkompatibilitätsthese von *Savulescu*
b.1) Unvereinbarkeit des Gewissensvorbehalts mit der ärztlichen Profession

Um das vorskizzierte Dilemma aufzulösen, votiert *Savalescu* mit seiner Inkompatibilitätsthese für einen kompromisslosen Ansatz. Hiernach seien die religiöse und professionelle Identität des Berufsausübenden respektive sein persönliches Gewissen und professionelles Handeln deutlich voneinander abzugrenzen. Jegliches Insistieren auf GV sei mit der Ausübung der ärztlichen Profession grundsätzlich unvereinbar.[298] Schließlich sei in Anbetracht des Grundrechts der Berufsfreiheit iSd Art 18 StGG niemand gezwungen, sich für den Beruf des Arztes zu entscheiden. In Anlehnung an andere Vertreter der Inkompatibilitätsthese wie dem britischen Philosophen und Medizinethiker *Albert Giubilini* und dem italienischen Philosophen *Gianni Vattimo* argumentiert *Savulescu* damit, dass sich Ärzte, Apotheker und Pflegekräfte freiwillig für ihren Beruf entschieden hätten. Gewissermaßen als Kehrseite ihres (Grund-) Rechts, sich frei für einen bestimmten Beruf zu entscheiden, stünde es ihnen nach Aufnahme ihrer Berufstätigkeit nicht zu, typischerweise mit diesem verbundene Leistungen

---

[295] Vgl *Savulescu*, BMJCR 2006, 294.
[296] Vgl *Hofmann*, ZfME 2021, 493 (496).
[297] Vgl *Hofmann*, ZfME 2021, 493 (497).
[298] Vgl *Savulescu*, BMJCR 2006, 294 (294 f).

zu verweigern, zumal in einem Bereich, für dessen stete Funktionsfähigkeit sich der Staat verbürgt – wer sich „sehenden Auges" und im vollen Bewusstsein seiner geistigen Kräfte in eine für ihn vorhersehbare Lage hineinbegibt, der er angesichts seiner moralischen Grundhaltung offensichtlich nicht gewachsen ist, erfährt grundsätzlich auch keines Schutzes durch die staatliche Rechtsordnung. Die Vertreter der Inkompatibilitätsthese stützen sich insoweit sowohl auf den Gedanken des Übernahmeverschuldens als auch den Grundsatz von Treu und Glauben iSd § 914 ABGB. Insbesondere mit Blick auf die heutige Informationsdichte infolge ubiquitärer Massen- und Sozialer Medien müsse es als allgemein bekannt vorausgesetzt werden, dass es im Zuge der ärztlichen Berufsausübung (typischerweise) zu Gewissenskonflikten kommen kann, die nicht unvorhersehbar und deshalb ernst zu nehmen seien. Wer sich dessen ungeachtet dafür entscheide, den Beruf des Arztes zu ergreifen, und im Verlauf seiner Berufshistorie mit (vorhersehbaren) Gewissenskonflikten konfrontiert werde, dem bleibe im Falle eines Falles keine andere Wahl als den Beruf des Arztes aufzugeben. So könne, wer sich beispielsweise für den Beruf des Soldaten entscheide und im Zuge der Aktualisierung eines völkerrechtlichen Konflikts gehalten sei, von Schusswaffen Gebrauch zu machen, an der Frontlinie nicht aus pazifistischen Gründen hiervon absehen oder ansonsten desertieren.[299] Im IPS-Kontext müsse das Insistieren auf einen GV, wo Ärzte ihren „Kunden" ihre eigenen Wertvorstellungen aufoktroyieren, als ein paternalistisches[300] Überbleibsel eingestuft werden, dem durch die gesellschaftlichen Realitäten die Existenzberechtigung entzogen sei. Ärzte müssten im Zweifel (ausnahmslos) *sämtliche* Leistungen anbieten, die von der Gesamtgesellschaft und der betroffenen Person – dem Benefizienzprinzip nach *Beauchamp/Childress* folgend – wegen ihrer (vermeintlichen) Wohltätigkeit zum Desiderat erhoben werden. Konflikte zwischen persönlichen Werthaltungen (*personal beliefs*) und professionellen Pflichten (*professional duties*) seien deshalb durch eine klare Trennung zwischen religiöser und professioneller aufzulösen.[301]

b.2) Kritische Reflexion des Ansatzes

Einerseits zählt es zu den anerkannten Inhalten des im § 914 AGBG zu verortenden Grundsatzes von Treu und Glauben, dass jemand nicht auf den Schutz der Rechtsordnung insistieren kann, wer sich „sehenden Auges" in eine Lage hineinbegibt, die er sichtlich nicht gewachsen ist (*venire contra factum proprium*). Längst existieren in der digitalen Informationsgesellschaft umfassende und grundsätzlich jedermann zugängliche Angebote, sich nicht erst vor Aufnahme eines Berufes, sondern zu Beginn der (akademischen) Berufsorientierung darüber zu unterrichten, welche Anforderungen im Zielberuf zu erfüllen sind und mit welchen rechtsethischen Dilemmata Berufsausübende (typischerweise)

---

[299] Vgl *Savulescu,* Moral Imperialism (2010).
[300] Zum paternalistischen Modell vgl bereits Darstellungspunkt A. I. 3. b).
[301] Vgl *Savulescu,* BMJCR 2006, 294.

konfrontiert sein können. Insoweit kommt die Inkompatibilitätsthese *einerseits* den lebenspraktischen Anforderungen der Informationsgesellschaft sehr nahe. *Andererseits* ist *Savalescu* und anderen Vertretern der Inkompatibilitätsthese entgegenzuhalten, dass es sich bei dem Beruf des Arztes, nicht zuletzt bedingt durch die zunehmende Technisierung der Medizin, um eine hochgradig entwicklungsdynamische Profession handelt, deren berufspraktische Anforderungen sich im stetigen Fluss befinden, angetrieben vom Patientenwunsch nach verstärkter individueller Selbstbestimmung auch in medizinisch-gesundheitlichen Fragen. So liegt der Inkompatibilitätsthese nicht nur ein zu starres Verständnis der ärztlichen Profession zugrunde. Sie leidet vielmehr unter einem fundamentalen Denkfehler.[302] Eine kompromisslose Abgrenzung zwischen persönlichem Gewissen und professionellem Handeln liefe in letzter Konsequenz darauf hinaus, Ärzten jegliche professionelle Eigenverantwortung abzusprechen und sie auf die Rolle bloßer „Vollzugsroboter" des staatlichen Gesundheitswesens zu degradieren. Der Zielsetzung eines iSd Art 35 S. 2 EGRC wäre dieses ebenso abträglich wie dem Ziel eines möglichst diskriminierungsfreien Zugangs möglichst aller gesellschaftlichen Gruppen zur Gesundheitsversorgung. So lässt sich resümieren, dass gläubige Individuen, ohne dass ihre Gewissensvorbehalte durch die Rechtsordnung angemessen geschützt sind, sukzessive aus Berufsfeldern wie denen des Arztes, des Apothekers oder Pflegers hinausgedrängt würden, die angesichts ihrer gesellschaftlichen Nachfrage als Kritische Infrastruktur gelten dürfen.[303] Gegen die Inkompatibilitätsthese streitet, dass sie den rechtspraktischen Anforderungen im IPS-Kontext, in dem die moralische Integrität der am Gesundheitswesen mitwirkenden Akteure zunehmend bedeutsamer wird, nicht zu genügen vermag.[304] Die Zuerkennung von Gewissensvorbehalten hingegen verschafft ihnen die Möglichkeit, den Anforderungen der gesellschaftlichen Pluralität zu entsprechen.[305] Gerade die jüngere Geschichte unseres Nachbarlandes Deutschland darf als eindrucksvolles Beispiel dafür gewertet werden, dass der seinem Gewissen verpflichtete Arzt und Mediziner die gesellschaftspolitisch vorzugswürdige Option ist.[306] Bekanntermaßen wurden unter der NS-Diktatur (1933-1945) „Menschenversuche" von regimehörigen Ärzten durchgeführt, die sich zu ideologischen „Vollzugsrobotern" gemacht haben und den Apologeten der Inkompatibilitätstheorie als ein warnendes Beispiel dienen mögen, dass ein GV für Ärzte und medizinisches Gesundheitspersonal zu den essenziellen Komponenten freiheitlicher Gemeinwesen zu rechnen ist.[307] Nicht zuletzt die Bewältigung der COVID-19-Pandemie zeigt eindrucksvoll, dass eine liberale Demokratie auf ein vielfältiges Angebot von MGD angewiesen ist, um im globalen Systemwettbewerb mit autokratischen Staaten zu obsiegen.

---

[302] Zur Relevanz und Beilegung von Denkfehlern im (Medizin-) Strafrecht: *Falker*, ZWF 2021, 274.
[303] Vgl *Schaupp* in Bormann/Wetzstein, Gewissen (2014) 3 (5).
[304] Vgl *Hofmann*, ZfME 2021, 493 (498).
[305] Vgl *Hofmann*, ZfME 2021, 493 (498).
[306] Vgl *Hofmann*, ZfME 2021, 493 (498).
[307] Zum GV anderer EU-Mitgliedstaaten im Vergleich: *Guzmàn*, Imago Hominis 2008, 101.

c) Die Theorie des *conscient absolutism* von *H.T. Engelhardt*

Eine andere extreme Position wird von dem US-Amerikanischen Philosophen *Hugo Tristam Engelhardt* (1941-2018) vertreten, der Ärzten mit seiner Theorie vom Gewissensabsolutismus (*conscient absolutism*) ein absolutes Recht auf GV zuerkennen will.[308] Im Kern wird der GV hierdurch so weit ausgedehnt, dass Ärzte, Pflegedienstleistende und Apotheker nicht nur die konkret nachgefragte Leistung, sondern *jegliche* Mitwirkung an oder Vermittlung zur entsprechenden Leistung ablehnen können sollen, sodass der Begriff des Gewissensabsolutismus treffend erscheint.[309] *Engelhardt* zufolge seien Ärzte freie Unternehmer, denen eine entsprechende Freiheit gerade im Verhältnis zu ihren „Kunden" bei dem Angebot von MGD zugutekommen müsse. Betroffenen Personen sei es insoweit nicht zugestanden, ihren Arzt zu zwingen, von Therapien Gebrauch zu machen, die sich mit seinem Gewissen nicht vereinbaren lassen – gewissermaßen reziprok zur Position des Arztes, der ihnen keine Behandlung oktroyieren könne, mit der sie nicht einverstanden sind (Verbot des *obstruction*[310]).[311] Zur Untermauerung seines Ansatzes verweist *Engelhardt* darauf, dass zurückgewiesene Patientinnen und Patienten im Kontext einer hochmobilen Gesellschaft mit einem Überangebot zielführender Informationen auch zu MGD in aller Regel auf alternative Anbieter auszuweichen könnten, um ihre Wunschbehandlung zu erhalten.

d) Die Theorie von der Nichtexistenz eines Rechts auf amoralische Leistungen nach *C. Kazcor und M. Cherry*

Andere Autoren wie *Christopher Robert Kazcor*[312] und *Mark J. Cherry*[313] unterstellen mit ihrer These von der Nichtexistenz eines Rechts auf amoralische Leistungen, dass es schlechthin kein Recht auf etwas geben könne, was in moralischer Hinsicht als Unrecht zu qualifizieren sei. Folgerichtig stellen sie einen individuellen Rechtsanspruch auf dementsprechende Leistungen aus moralischen respektive religiösen Erwägungen grundsätzlich infrage. *Cherry* zufolge sei ein christlicher Arzt nicht nur berechtigt, die Erbringung einer amoralischen medizinischen Behandlung abzulehnen, sondern rechtlich verpflichtet, schon von der Aufklärung, Überweisung und sonstigen therapieunterstützenden Leistungen abzusehen.[314]

e) Die Informationstheorie nach *E. Pelligrino*

Der grundsätzlichen Differenzierung zwischen zulässiger *objection* und unzulässiger *obstruction* folgend, nimmt der US-Amerikanische, im Katholizismus verwurzelte Bioethiker

---

[308] Vgl *Engelhardt*, Christian Bioethics 2012, 93.
[309] Vgl *Hofmann*, ZfME 2021, 493 (496).
[310] Zur Unzulässigkeit des *obstruction* vgl bereits Darstellungspunkt D. II. 3.
[311] Vgl *Lintner*, Ethica 25 (2017) 125 (132).
[312] Vgl *Kazcor*, Christian Bioethics 2012, 62.
[313] Vgl *Cherry*, Christian Bioethics 2012, 1 (4).
[314] Vgl *Cherry*, Christian Bioethics 2012, 1 (9).

Edmund D. Pelligrino[315] (1920-2013) eine vermittelnde Position. Er wendet sich gegen jegliche Restriktion des auf die Gewissensfreiheit gestützten Abwehrrechts[316], unterstreicht jedoch die Bedeutung einer vorausschauenden Informationspflicht, allein um die Belastungen für betroffene Personen auf ein Minimum zu beschränken.[317] So will *Pelligrino* den Arzt jedenfalls dazu verpflichten, zurückgewiesene betroffene Personen in angemessener Art und Weise über alternative Anbieter zu informieren und eine „vorausschauende Informationspolitik" zu betreiben, um das vorskizzierte Dilemma aufzulösen. Ärzten soll es hiernach zwar zugestanden sein, jedwede medizinische Intervention abzulehnen, ohne sie davon zu entbinden, die resultierenden Erschwernisse für Patientinnen und Patienten durch ein vorausschauendes Informationsgebaren (gut sichtbare Hinweisschilder auf die Inanspruchnahme von Gewissensvorbehalten, Information von überweisenden Stellen etc.) auf ein angesichts der Umstände vertretbares Minimum zu reduzieren.[318]

3. Kritische Reflexion der unterschiedlichen Ansätze

Bei einer Gesamtschau der Ansätze zur Auflösung des GV gilt es *einerseits* zu bedenken, dass sich die Wertepluralität einer Gesellschaft auch im ärztlichen Berufsstand widerspiegeln sollte, allein um unzulässigen Diskriminierungen iSd Art 21 EGRC entgegenzuwirken. Um eine störungsfreie medizinische Versorgung aufrechtzuerhalten, sollte sich die kulturelle, religiöse und weltanschauliche Diversität einer Gesellschaft auch im Angebot von MGD widerspiegeln. Für die Beibehaltung des GV und seine den gesellschaftlichen Anforderungen entsprechende kontinuierliche Weiterentwicklung streiten somit insbesondere Erwägungen der gesellschaftlichen Repräsentanz. Zumal der demokratische Minderheitenschutz zu den Kernbestandteilen[319] freiheitlicher Staaten zählt, lassen sich etwaige Legitimationsdefizite des GV nach der hier vertretenen Rechtsansicht ausgleichen, indem die in einer Gesellschaft vorherrschenden Kräfte auch bei der (staatlichen) Organisation des Gesundheitswesens spiegelbildlich abgebildet werden (sog. Pluralistisches Modell). Jedenfalls eine widernatürlich und künstlich anmutende Trennung zwischen privater Identität von Ärzten und ihrer professionellen Tätigkeit, wie sie die Inkompatibilitätsthese von *Savalescu* vornehmen will, ist mit diesen Anforderungen unvereinbar und deshalb abzulehnen. Doch auch die streng gewissensabsolutistischen Ansätze vermögen die aus der Zuerkennung des GV resultierenden Dilemmata auf Seiten der betroffenen Person nicht (zufriedenstellend) aufzulösen, sondern lassen diese weitgehend ausgeklammert.[320] Sie offenbaren eine wenig am Patienteninteresse an Respektierung ihrer Autonomie und individuellen Selbstbestimmung ausgerichtete

---

[315] Vgl *Pelligrino,* FUL 2002, 221.
[316] Zur Schutzrichtung der Gewissensfreiheit vgl bereits Darstellungspunkt C. IV.
[317] Vgl *Hofmann,* ZfME 2021, 493 (497); *Wallner,* EM 2010, 117 (120).
[318] Vgl *Pelligrino,* FUL 2002, 221.
[319] Vgl *Hopfauf* in Schmidt-Bleibtreu/Klein, GG (2018) Einleitung Rn. 242.
[320] Vgl *Hofmann,* ZfME 2021, 493 (498).

Sichtweise. So gilt es den GV angesichts seiner Funktionsnotwendigkeit für eine pluralistische Gesellschaft in deren Rechtssystem zu integrieren, insbesondere um Störungen des allgemeinen Grundvertrauens in das Gesundheitswesen entgegenzuwirken.

4. Zwischenergebnis
a) Grundsätzliches Recht auf Gewissensvorbehalt im Gesundheitswesen

Als Zwischenergebnis lässt sich nach alledem festhalten, dass Ärzten und (nicht-) medizinischem Gesundheitspersonal ein *grundsätzliches* Recht zuzuerkennen ist, eine medizinische Behandlung aus Gewissensgründen abzulehnen. Der österreichische Bundesgesetzgeber hat dem hier präferierten Ansatz mit der rechtlichen Normierung zahlreicher GVe wie das Benachteiligungsverbot iSd § 6 FMedG (Entbindung von der Mitwirkung an medizinisch unterstützter Fortpflanzung oder PID) oder die Entbindung des Arztes von der Mitwirkung am Schwangerschaftsabbruch iSd § 97 Abs 2 StGB explizit Rechnung getragen. Doch selbst in jenen Bereichen, in denen kein ausdrücklicher GV respektive ein entsprechendes Benachteiligungsverbot kodifiziert ist, wird es Ärzten – dem Konzept des objection folgend - durch unbestimmte, (medizinethische) Wertungsspielräume zulassende Begriffe wie „anerkannten Methoden der medizinischen Wissenschaft" iSd § 8 Abs 2 KaKuG grundsätzlich ermöglicht, sich im Rahmen der Behandlung von individuellen moralischen Überzeugungen in die Behandlung leiten zu lassen. In Anbetracht des Stellenwerts des ISR der betroffenen Person, des bioethischen[321] Prinzips der Autonomie und des rechtsethischen Verbots des *obstruction*[322] ist demgegenüber kein medizinischer Akteur berechtigt, der betroffenen Person die eigene Gewissensüberzeugung zu oktroyieren.

b) Zulässige internen vs. unzulässigen externe Gründe für Gewissensvorbehalte

Jedenfalls in ihrer Mehrzahl sprechen sich Bioethiker dafür aus, Ärzten ein individuelles Recht auf GV zuzuerkennen. Extrempositionen wie jener von *Savulescu* erteilen sie hiermit eine unmissverständliche Absage. Gleichwohl betonen sie, dass es kein schrankenloses Recht geben kann, eine Behandlung aus Gewissensgründen abzulehnen. Stattdessen votieren sie für ein grundsätzliches Recht auf GV, das sowohl dem hohen Wert der moralischen Integrität des Individuums als auch dem Interesse zunehmend individualisierter, kulturell diversifizierter und säkularisierter Gesellschaften entsprechen müsse, kulturelle, weltanschauliche und religiöse Diversität angemessen zu schützen und sie in Anbetracht des individuellen Rechts auf Nichtdiskriminierung (Art 21 EGRC) zu respektieren.[323] Namentlich der US-Amerikanische Bioethiker *Mark Wicclair* differenziert zwischen dem Schutz der moralischen Integrität des Arztes als der primären Legitimation des GV und anderen

---

[321] Zu den medizinethischen Prinzipien nach *Beauchamp/Childress* Vgl Darstellungspunkt B. II. 4. a).
[322] Zur Unzulässigkeit des *obstruction* vgl bereits Darstellungspunkt D. II. 3.
[323] Vgl *Wicclair*, CQHCE 2017, 7.

legitimationsstiftenden Erwägungen wie den Respekt vor der Autonomie des Einzelnen, den Wert kultureller Diversität, der grundsätzlichen Unwägbarkeit des medizinischen Erkenntnisstandes und dem Schutz von Berufsanwärtern gegenüber jeglicher Form von (unzulässiger) Diskriminierung.[324] *Wicclair* zufolge könne ein Arzt respektive (nicht-) medizinisches Gesundheitspersonal die Mitwirkung an einer medizinischen Maßnahme verweigern, soweit *kumulativ* die folgenden Anforderungen erfüllt sind: *Erstens* muss sich die jeweilige Person auf eine Reihe von zentralen moralischen, ethischen und/oder religiösen Überzeugungen stützen, *zweitens* muss das Anbieten des nachgefragten Gutes oder der nachgefragten Dienstleistung diesen Überzeugungen widersprechen und *drittens* muss sich die gewissensmotivierte Verweigerung auf diese zentralen moralischen Überzeugungen stützen.[325] Aus medizinischer Sicht muss die nachgefragte Leistung schließlich in Übereinstimmung mit den gesetzlichen Vorschriften möglich und von der jeweiligen Profession akzeptiert sein, wobei sie dem Kompetenzbereich der jeweiligen Person unterliegen muss.[326] Mit dem Begriff der Profession adressiert *Wicclair* die Professionsgemeinschaft, die in kollegialer Eigenkontrolle über ein Minimum von Autonomie hinsichtlich ihrer wissenschaftlichen Methoden verfügt.[327]

c) Verpflichtung zum Hinweis auf alternative Anbieter

Insbesondere stellt sich die Frage, ob der eine bestimmte nachgefragte Behandlung aus Gewissensgründen zurückweisende Arzt rechtlich dazu verpflichtet ist, die betroffene Person über alternative Anbieter und Angebote zu informieren. Ist ein die nachgefragte Behandlung aus Gewissensgründen ablehnender Arzt rechtlich dazu verpflichtet, sie über alternative Anbieter zu informieren oder sie dorthin zu überweisen? *Prima facie* könnte hierfür der Umstand streiten, dass insbesondere Ärztelisten und Arztbewertungsportale wie *Jameda* oder *Docfinder* im Informationszeitalter inzwischen als allgemeinzugänglich gelten, ein resultierender Akquiseaufwand grundsätzlich jedermann zuzumuten ist und den zurückweisenden Arzt aus dem Behandlungsvertrag grundsätzlich keine entsprechende Verpflichtung trifft. Das Internet gilt als ubiquitäre Informationsquelle. Gleichwohl steht zu berücksichtigen, dass das hier aufzulösende Dilemma zwischen der Gewissensfreiheit des Arztes und dem medizinischen ISR der betroffenen Person weniger in Fällen der medizinischen Standardversorgung, sondern zuvörderst im Grenzbereich zwischen Leben und Tod resultiert, wo eine zeitnahe respektive kurzfristige Verfügbarkeit der nachgefragten MGD eine gewisse Dringlichkeit hat.[328] Zumal ein Arzt infolge seiner beständigen Befassung mit seiner Profession i.d.R. imstande sein wird, alternative Anbieter in zumutbarer räumlicher

---

[324] Vgl *Wicclair*, CQHCE 2017, 25.
[325] Vgl *Hofmann*, ZfME 2021, 493 (496).
[326] Vgl *Hofmann*, ZfME 2021, 493 (496).
[327] Vgl *Hofmann*, ZfME 2021, 493 (496).
[328] Vgl *Schaupp* in Bormann/Wetzstein, Gewissen (2014) 3 (15).

Nähe des Patienten sehr viel schneller zu benennen, kann der aus Gewissensgründen zurückweisende Arzt unter diesen Voraussetzungen rechtlich verpflichtet sein, die betroffene Person jedenfalls über einen alternativen Anbieter zu informieren. Kommt er dieser Verpflichtung nicht nach, kann ihm nach der hier vertretenen Rechtsansicht ein Strafverfahren wegen unterlassener Hilfeleistung iSd § 95 StGB drohen. Letztlich auch um dementsprechende Strafbarkeitsrisiken, der der unionalen Zielsetzung einer hochwertigen Verfügbarkeit von MGD abträglich sein können, besteht deshalb nach der hier vertretenen Rechtsansicht ein erhebliches rechtspraktisches Bedürfnis für den GV auch in Österreich. Wie die in Deutschland jüngst geführte Diskussion über die inzwischen vollzogene Streichung des § 219a StGB (Strafbarkeit wegen des Werbens für den Schwangerschaftsabbruch) zeigt, lassen sich noch weitere Gründe für den GV anführen. *Einerseits* gilt es, den Arzt vor Strafbarkeitsrisiken zu schützen, die seine Behandlungsbereitschaft unterminieren. *Andererseits* gilt es die betroffene Person in ihrem Anliegen zu unterstützen, ihrer Nachfrage entsprechende medizinische Leistungen in (zumutbarer) räumlicher Nähe zu erhalten.

IV. Geltende Normierungen des Gewissensvorbehalts
1. Unionale Normierung

Obgleich sie sich nicht unter die unionalen Rechtsakte iSd Art 288 AEUV (Verordnung iSd Art 288 Abs 2 AEUV, Richtlinie iSd Art 288 Abs 3 AEUV, Beschluss iSd Art 288 Abs 4 AEUV, Empfehlung, Stellungnahme iSd Art 288 Abs 5 AEUV) subsumieren lässt, die angesichts des Prinzips der begrenzten Einzelermächtigung (Art 5 Abs 2 EUV) abschließend kodifiziert sind, ist auf unionaler Ebene insbesondere die EUP-Res. 1763 hervorzuheben, welche die Geltung der Gewissensfreiheit im Gesundheitswesen explizit bekräftigt.[329] Vorangegangen ist ihr eine Diskussion über den McCafferty-Bericht vom 10.07.2010, der es den Mitgliedstaaten des Europarats nahegelegt hat, die ärztliche Gewissensfreiheit in ethisch heiklen Situationen wie insbesondere schwangerschaftsunterbrechende Maßnahmen, Sterbehilfe und Suizidbeihilfe einzuschränken.[330] Konkret sollte das Recht auf Gewissensentscheidung nur den Medizinern im konkreten Einzelfall zugestanden sein, nicht hingegen Ärzten in öffentlichen und staatlichen Einrichtungen, wobei der Bericht indessen zahlreiche Ausnahmeregeln vorsah.[331] Hierdurch sollte auf ein „Gleichgewicht zwischen dem persönlichen Recht der Patienten auf die gesetzlich zulässige Versorgung" hingewirkt werden.[332] Im Anschluss an die Debatte über den McCafferty-Bericht wird in der EUP-Res.

---

[329] Vgl *Generalkommission für Bioethik,* Gewissensverweigerung (2011) 1.
[330] https://www.sterbehilfe-debatte.de/neues/archiv-2010/01-10-10-mccafferty-bericht-europarats-ausschuss-plant-beschraenkung-der-aerztlichen-gewissensfreiheit/; zuletzt abgerufen am 28.04.2022.
[331] https://www.sterbehilfe-debatte.de/neues/archiv-2010/01-10-10-mccafferty-bericht-europarats-ausschuss-plant-beschraenkung-der-aerztlichen-gewissensfreiheit/; zuletzt abgerufen am 28.04.2022.
[332] https://www.sterbehilfe-debatte.de/neues/archiv-2010/01-10-10-mccafferty-bericht-europarats-ausschuss-plant-beschraenkung-der-aerztlichen-gewissensfreiheit/; zuletzt abgerufen am 28.04.2022.

1763 die Empfehlung ausgesprochen, entsprechende Gewissensklauseln auf stationäre und andere Gesundheitseinrichtungen und Organisationen auszuweiten.[333]

2. Normierung im österreichischen Recht
a) Diversität gesetzlicher Normen zur Sicherstellung von Nichtdiskriminierung

Nachdem der dem GV zugrundeliegende Kernkonflikt skizziert und einige grundsätzliche Möglichkeiten zu seiner Auflösung vorgestellt wurden, soll im Folgenden darauf eingegangen werden, welche Schritte der österreichische Bundesgesetzgeber bislang unternommen hat, um Ärzte und (nicht-) medizinisches Gesundheitspersonal vor einer Diskriminierung auf Grund ihres Gewissens zu schützen. Zunächst gilt es sich auch in diesem Zusammenhang nochmals zu vergegenwärtigen, dass das österreichische Recht dem in Anbetracht der Unversehrtheitsgarantie hohen Stellenwert der körperlichen Unversehrtheit durch § 16 AGBG auch einfachgesetzlich exponiert zum Ausdruck bringt. Danach zählen das Leben und die körperliche Unversehrtheit zu den Persönlichkeitsrechten, und zwar im Sinne eines besonders schützenswerten Kernbereichs der Rechtssphäre des Einzelnen.[334] Eingedenk der Konfliktsituation, in der sich nicht nur der Arzt, sondern die ärztliche Tätigkeit unterstützendes Assistenzpersonal (OP-Assistenten, Fahrdienste, Reinigungspersonal etc.) befinden, kodifiziert das österreichische Recht in ethisch besonders sensiblen Bereichen gleichwohl (einfach-) gesetzliche Regeln zum Schutz ihrer Gewissensfreiheit. GV sieht es sowohl für die ärztliche Tätigkeit zu Beginn des menschlichen Lebens als auch am Lebensende vor. Prominente Anwendungsbeispiele betreffen die schon erwähnte Mitwirkung am Schwangerschaftsabbruch (§ 97 Abs 2 und 3 StGB respektive § 6 Abs 3 KAKuG) und die Sterbehilfe, für die StVfG einen GV kodifiziert. Unter den gesetzlichen Vorschriften zum Schutz der ärztlichen Gewissensfreiheit zu Beginn des menschlichen Lebens sind die rechtlich geschützte Zurückweisung des Patientenwunsches, ein schwangerschaftsunterbrechendes Medikament („Pille danach") auszuhändigen oder die die Ablehnung an Maßnahmen der PID hervorzuheben. In der Lebensmitte ist die Entscheidung des Arztes geschützt, eine Bluttransfusion durchzuführen oder hieran mitzuwirken.[335] In allen Fällen kann ein GV, der nach alledem nicht notwendig religiös motiviert sein muss, *einerseits* Einschränkungen der medizinischen Versorgung zur Folge haben. Ungeachtet des rechtspraktischen Bedürfnisses für einen gesetzlichen Schutz des Gewissens, das sich angesichts der voranstehenden Erwägungen nicht ernsthaft anzuzweifeln lässt, steht *andererseits* zu berücksichtigen, dass entsprechende Einschränkungen auch aus einer unverhältnismäßigen Fremdbestimmung eines überdurchschnittlich qualifizierten Berufsstandes und daraus resultieren können, dass die im

---

[333] Vgl *Hofmann*, ZfME 2021, 493 (495)
[334] Vgl *Perner/Spitzer/Kodek,* Bürgerliches Recht (2019) 22 f
[335] Vgl *Lintner*, Ethica 25 (2017) 125 (127); Zum Spannungsfeld von Religion und Medizin: *Heissenberger*, RdM 2022, 107.

IPS-Kontext vorherrschenden Werte nicht mehr im Angebot von MGD abgebildet werden. Allein das Demokratieprinzip streitet dafür, staatlicherseits auf eine entsprechende Repräsentanz hinzuwirken, insbesondere durch die Kodifizierung von Gewissensvorbehalten, die medizinischen Akteure ebenso schützen wie die Nachfrager von MGD.

b) Gewissensvorbehalte am Lebensanfang
b.1) Ablehnung der Mitwirkung am Schwangerschaftsabbruch

Unter den GV zu Beginn des menschlichen Lebens ist weiters § 97 Abs 2 StGB hervorzuheben, wonach ein Arzt berechtigt ist, seine Mitwirkung an einem Schwangerschaftsabbruch abzulehnen, soweit die schwangere Person nicht einer unmittelbar drohenden und nicht anders abwendbaren Lebensgefahr unterworfen ist.[336] In Anbetracht sowohl seiner beruflichen Freiheit als auch der Lebensschutzpflicht kodifiziert § 97 Abs 2 StGB einen bereichsspezifischen GV für Ärzte, der das Abwehrrecht aus Art 9 Abs 1 EGRC, Art 14 StGG einfachgesetzlich konkretisiert und klarstellt. Demnach ist kein Arzt (rechtlich) verpflichtet, einen Schwangerschaftsabbruch durchzuführen oder daran mitzuwirken, es sei denn, dass der Abbruch ohne Aufschub notwendig ist, um die Schwangere aus einer unmittelbar drohenden, nicht anders abwendbaren Lebensgefahr zu retten (§ 97 Abs 2 S. 1 StGB). Der GV iSd § 97 Abs 2 StGB kann nur von Ärzten in Anspruch genommen werden. § 97 Abs 2 S. 1 StGB zieht den Anwendungsbereich des GV sehr weit, wodurch der Gesetzgeber der hohen Schutzwürdigkeit der Gewissensfreiheit im Gesundheitsbereich Rechnung trägt. Berechtigt sind nach seinem Gesetzeswortlaut („mitwirken") auch Assistenzärzte, die keinen unmittelbaren körperlichen Kontakt mit der Betroffenen haben.

In diesem Zusammenhang stellt sich gleichwohl die Frage, ob die Lebensschutzpflicht auch auf das vorgeburtliche Leben anwendbar ist. Der Judikatur des VfGH[337] zufolge sei dieses zu verneinen, weil sie sich überhaupt nicht darauf beziehe. Würde sie sich nicht auch auf das keimende Leben beziehen, so könne dem VfGH zufolge der Fall des straflosen Schwangerschaftsabbruchs iSd § 97 Abs 1 Z 1 StGB nicht hiergegen verstoßen.[338] Soweit die Bundesrepublik Österreich zur Zeit ihres Konventionsbeitritts davon ausgegangen wäre, dass sich die Lebensschutzpflicht auch auf das ungeborene Leben erstreckt, hätte sie den Vorbehalt iSd Art 64 EMRK geltend gemacht.[339] Allein unter Berücksichtigung dessen, dass aus der Synthese von Ei- und Samenzelle ein einzigartiger und einmaliger Mensch hervorgeht, gehen zahlreiche Mediziner indessen mit Recht davon aus, dass menschliches Leben schon ab der Konzeption existiere und infolgedessen von diesem Ereignis an schutzwürdig sei.[340] Zumal

---

[336] Vgl *Pepelnik,* Ethische Aspekte (2020) 52.
[337] VfGH 11.10.1974, G 8/74; JBl 1975, 222.
[338] VfGH 11.10.1974, G 8/74; JBl 1975, 229.
[339] VfGH 11.10.1974, G 8/74; JBl 1975, 230.
[340] Vgl *Urbanz* Schwangerschaftsabbruch (2018) 55.

eine einheitliche Rechtsordnung für eine größtmögliche Rechtssicherheit in der ärztlichen Praxis essenziell ist, darf nicht unberücksichtigt bleiben, dass nach der Klarstellung des § 22 ABGB selbst ungeborene Kinder von der Empfängnis an einen Anspruch auf den Schutz der Gesetze haben. Ist demnach davon auszugehen, dass sich die Schutzpflicht iSd Art 2 Abs 1 EMRK sowohl auf das ungeborene Leben als auch das der Schwangeren erstreckt, ist der GV iSd § 97 Abs 2 StGB hingegen nicht schrankenlos. Die Aktivlegitimation aus § 97 Abs 2 StGB endet, wenn der Abbruch ohne (zeitlichen) Aufschub notwendig ist, um die Schwangere aus einer unmittelbar drohenden, nicht anders abwendbaren Lebensgefahr zu retten (§ 97 Abs 2 S. 1 HS. 2 StGB). Insbesondere nach der EGRM-Judikatur zur Schutzpflicht iSd Art 2 EMRK ist davon auszugehen, dass ein Schwangerschaftsabbruch einzig unter bestimmten Voraussetzungen zulässig und nur ausnahmsweise erlaubt ist, die Abtreibung im Übrigen indessen verboten ist, wenngleich sie sich am Maßstab des Art 8 EMRK messen lässt.[341]
Die tatbestandlichen Voraussetzungen des Ausnahmetatbestandes iSd § 97 Abs 2 StGB, hierfür streiten die Worte „es sei denn", sind von der zuständigen Staatsanwaltschaft von Amts wegen im Strengbeweisverfahren darzulegen und zu beweisen. Ist das zuständige Gericht nicht vom Vorliegen des Ausnahmetatbestandes überzeugt, ist der Arzt vom Anklagevorwurf freizusprechen (*in dubio pro reo*[342]).[343] Sein restriktiv gefasster, für eine Schranken-Schranke der Gewissensfreiheit sprechender Wortlaut („ohne Aufschub notwendig...unmittelbar drohenden, nicht anders abwendbaren Lebensgefahr...") streitet zudem dafür, die Ausnahme vom GV eng auszulegen und sie auf wenige Fälle zu begrenzen. Bestehen aus ärztlicher Sicht in der konkreten Situation andere Wege und Möglichkeiten, um das Leben der Schwangeren vor Schaden zu bewahren, darf sich der Arzt auch unter diesen Voraussetzungen auf seine Gewissensfreiheit berufen und die Intervention ablehnen.[344] Ist es aus seiner Sicht nicht veranlasst, die schwangerschaftsunterbrechende Maßnahme selbst einzuleiten, um das Leben der Schwangeren zu schützen, darf er die Betroffene nach der hier vertretenen Rechtsansicht auf alternative Anbieter[345] verweisen. Namentlich *Lintner* hält es für zumutbar, eine sterbenswillige betroffene Person in die Obhut eines anderen Arztes zu verweisen, der sich aus seinem Innersten heraus verpflichtet und ermächtigt weiß, sich ihren Überzeugungen unter allen Umständen zu unterwerfen.[346]
§ 97 Abs 3 StGB schließlich kodifiziert ein entsprechendes Diskriminierungsverbot für nicht ärztliches Personal. Anders als der auf Ärzte beschränkte GV iSd § 97 Abs 2 StGB können sich auf § 97 Abs 3 StGB („niemand") auch Nichtmediziner wie den Schwangerschaftsabbruch funktional unterstützende Personen berufen. Hierzu zählen nach der

---

[341] Vgl *Pabel* in Büchner/Kaminski/Löhr, Abreibung (2014) 23.
[342] Vgl OGH 28.08.2019, OGH 13 Os 49/19h; veröffentlicht unter https://rdb.manz.at/document/ris; zuletzt abgerufen am 28.04.2022.
[343] Zur Rolle der Gerichte bei der Evolution des Medizinrechts: *Neumayr,* 2014, 51.
[344] Vgl *Dirksen,* Patient und Gewissen (2010) 47.
[345] Zum verpflichtenden Hinweis auf alternative Angebote vgl Darstellungspunkt D. III. 2. e) und 4 c).
[346] Vgl *Lintner,* Ethica 25 (2017) 125 (130).

hier vertretenen Rechtsansicht Verwaltungsangestellte, Fahr- und Bereitschaftsdienste, OP-Reinigungskräfte, Beschäftigte in der Finanzierung und Abrechnung medizinischer Leistungen (*health care payers, managed care companies* etc.). § 97 Abs 3 StGB kodifiziert hierdurch einen Jedermann-Vorbehalt, der angesichts seines Gesetzeswortlauts („mitwirken") sehr weit gezogen ist. Erfasst sind nach der hier vertretenen Rechtsansicht nicht nur solche Beiträge, die sich im Erfolg des Schwangerschaftsabbruchs kausal auswirken könnten, sondern im Zweifel jede funktional unterstützende Maßnahme. § 97 Abs 3 StGB trägt hierdurch der hohen Schutzwürdigkeit des menschlichen Lebens Rechnung. Der Jedermann-GV greift deshalb nur in den Grenzen eines straflosen Schwangerschaftsabbruchs, wobei die Grenze zwischen Legalität und Illegalität das Ereignis der Nidation ist.[347]

Kritikwürdig ist, dass § 97 StGB das geborene Leben der Schwangeren stärkeren Schutz zukommen lässt als dem ungeborenen. Grundsätzlich hat der Parlamentsgesetzgeber einen politischen Wertungsspielraum, ab welchem Zeitpunkt und bei Vorliegen welcher Voraussetzungen der Schwangerschaftsabbruch strafbar ist. Grundsätzlich gibt es keinen sachlichen Grund, das geborene Leben stärker zu schützen als das ungeborene, soweit in beiden Fällen von der Existenz eines menschlichen Wesens auszugehen ist. In Anbetracht der universell und damit auch für das ungeborene Leben geltenden Menschenwürde ist niemand berechtigt, das eine Leben für schutzwürdiger zu befinden als das andere. Geschützt ist das menschliche Leben an sich, ohne dass utilitaristische Abstufungen nach Lebenswürdigkeit, Leistungsfähigkeit oder Beitrag für die Gemeinschaft zulässig sind.[348] So wäre es sinnvoll, die „rote Linie" zwischen legalem und illegalem Schwangerschaftsabbruch schon gesetzlich zu definieren, indem auf das Ereignis der vollendeten Nidation abgestellt wird.

b.2) Verbot diskriminierender Kuranstaltsklauseln

Weiters darf eine Kranken- respektive Kuranstaltsordnung nach § 6 Abs 3 KAKuG keine Regeln vorsehen, welche die Umsetzung oder Mitwirkung an einem straflosen Schwangerschaftsabbruch oder die dahingehende Weigerung zu sanktionieren.[349]

b.3) Maßnahmen der Präimplantationsdiagnostik

Eine ähnliche Gewissensvorbehaltsklausel kodifiziert das Diskriminierungsverbot des § 6 FMedG. Danach darf niemand zur Mitwirkung an Maßnahmen der medizinisch unterstützten Fortpflanzung wie insbesondere der PID[350] verpflichtet werden.[351] Als eine „Spielart" der Stammzellenforschung handelt es sich um ein medizinisches Verfahren, das darauf gerichtet

---

[347] Vgl *Eder/Rieder* in Höpfel/Ratz, WK/StGB (2016), § 96, N 3.1.
[348] Zur Sinnfindung im hohen Alter aus gerontologisch-ethischer Sicht: *Rüegger,* Ethica 25 (2017) 329.
[349] Vgl *Pepelnik,* Ethische Aspekte (2020) 52.
[350] Zur medizinischen Fortpflanzungshilfe in Österreich: OGH 11.11.1997, 7 Ob 355/97z, www.juris.de; *Frischengruber,* FamRZ 1992, 374.
[351] Vgl *Memmer* in AKKM, Medizinrecht (2021) Kap. I.

ist, die künstlich („in vitro") erzeugten Stammzellen auf das Vorliegen von Krankheiten, Gendefekten etc. zu analysieren, bevor sie in die Gebärmutter eingesetzt werden.[352] Allein angesichts des restriktiven Gesetzeswortlautes des § 2a Abs 1 S. 1 FMedG („nur") ist die PID in Österreich dem Grundsatz nach verboten. Ihr Verbot erfasst nach der hier vertretenen Rechtsansicht nicht nur die genetische Untersuchung von Zellen eines Embryos *in vitro* im Vorfeld seines intrauterinen Transfers. Erfasst sind alle zellularbiologischen und molekulargenetischen Verfahren, die der Entscheidung der Betroffenen dienen, ob ein künstlich im Wege der IVF generierter Embryo in die Gebärmutter eingesetzt wird oder nicht. In Anbetracht der Unversehrtheitsgarantie lässt § 2a Abs 1 FMedG die PID nach alledem nur ausnahmsweise unter den dort näher bezeichneten Voraussetzungen (Ausbleiben einer gewünschten Schwangerschaft, Häufung spontaner Fehl- oder Totgeburten, hohe Wahrscheinlichkeit der Weitergabe einer Erbkrankheit) zu. Zumal aus Patientensicht davon auszugehen ist, dass Präimplantationsdiagnostiker kraft ihrer beruflichen Ausrichtung ein deutlich überlegenes fachliches Wissen haben, kann es im Hinblick auf die Unversehrtheitsgarantie dessen ungeachtet geboten sein, eine PID ungeachtet ihres grundsätzlichen Verbots durchzuführen. Wenn der Betroffenen ein *in vitro* erzeugter Embryo eingesetzt wird, der an einem Gendefekt oder einer sonstigen Morbidität leidet, kann dieses als strafbare Körperverletzung iSd § 83 ff StGB gewürdigt werden.

Seine angesichts seines Gesetzeswortlautes alternativ gefassten Ausnahmebestände sind angesichts der systematischen Stellung des § 2a Abs 1 FMedG *einerseits* restriktiv auszulegen, lassen *andererseits* jedoch eine dynamische Auslegung zu, weil sie zur Berücksichtigung des allgemein anerkannten Standes der medizinischen Wissenschaft und Erfahrung (§ 2a Abs 3 FMedG) verpflichten und damit (weiteren) bioethischen[353] Wertungen zugänglich sind.[354] Angesichts der begrifflichen Unbestimmtheit des Kriteriums der medizinischen Wissenschaft und Erfahrung iSd § 2a Abs 3 FMedG kann es die eine richtige Entscheidung nicht geben. Vielmehr ist dem Arzt auf Grund seiner (ganzheitlichen) fachlichen Expertise ein gerichtlich nur eingeschränkt überprüfbarer Beurteilungs- und Wertungsspielraum zugestanden, in dessen Grenzen medizinethische Erwägungen einfließen können und ein GV allein deshalb zu respektieren ist, weil die PID unabhängig von ihrem Zweck typischerweise auf eine Selektion von Stammzellen hinausläuft, aus denen sich im Wege der Zellteilung ein vollständiger, selbständig lebensfähiger Organismus entwickeln können (sog. totipotente Stammzellen[355]). Grundsätzlich liegt damit jeder (kausalen) Mitwirkung an einer PID ein Werturteil über die Würdigkeit und Wertigkeit[356] werdenden menschlichen Lebens zugrunde, das sowohl mit der Lebensschutzpflicht als auch mit der Menschenwürde im Konflikt steht. Allein dieser Konflikt

---

[352] Vgl *Nationaler Ethikrat,* Diagnostik (2003) 25.
[353] Zu den medizinethischen Prinzipien nach *Beauchamp/Childress* vgl Darstellungspunkt B. II. 4. a).
[354] Zur Dynamik und Entwicklungsoffenheit der Menschenwürdegarantie vgl bereits Darstellungspunkt C. II.
[355] Vgl *Besser/Cantz/Herrmann,* Stammzellentypen (2017).
[356] Zum Wert des menschlichen Lebens vgl *Harris,* Wert des Lebens (1995) 1.

gebietet es nach, sowohl Ärzten als auch Gesundheitspersonal einen GV zuzugestehen. Nach dem Benachteiligungsverbot iSd § 6 Abs 1 S. 1 FMedG ist deshalb kein Arzt verpflichtet, eine medizinisch unterstützte Fortpflanzung oder PID durchzuführen oder daran mitzuwirken. Entsprechendes gilt nach § 6 Abs 1 S. 2 FMedG für Angehörige gesetzlich geregelter Gesundheitsberufe. Über das Kriterium der medizinischen Wissenschaft und Erfahrung iSd § 2a Abs 3 FMedG kommt ihnen eine komplementäre Haftungsfreistellung (*safe harbour*) zugute, die dem Abwehrrecht[357] aus Art 8 EMRK, Art 14 StGG Rechnung trägt.

b.4) Die spezielle Situation des Apothekers und seine Dispensierpflicht

Praktisch hochrelevant ist die Frage nach einer rechtlichen Normierung des GV nicht nur bei Ärzten. Insbesondere die in Österreich rezeptpflichtige „Pille danach"[358] hat sie auch bei Apothekerinnen und Apothekern[359] – im Folgenden: apothekenleitende Person – ins Zentrum gerückt.[360] *Per definitionem* handelt es sich bei der „Pille danach" um eine angesichts einer allgemein zunehmend libertäreren Sexualmoral um Hormonpräparat auf Gestagen-Basis mit dem Wirkstoff Levonorgestrel, das in Österreich nur über Apotheken vertrieben wird und deren erste Dosis zu Zwecken der Schwangerschaftsprävention schnellstmöglich, spätestens jedoch 72 Stunden nach dem ungeschützten Koitus eingenommen werden soll.[361] Die zweite Dosis ist weitere zwölf Stunden später einzunehmen.[362] Vor dem Eisprung verhindert die „Pille danach" die Befruchtung, danach die Einnistung der Eizelle in der Gebärmutterschleimhaut.[363]

Das rechtsethische Dilemma dürfte sich insoweit *einerseits* daraus ergeben, dass sich eine apothekenleitende Person mit der Ausgabe der „Pille danach" in Anbetracht ihres Exklusivvertriebsrechts und ihres Kontrahierungszwanges[364] über werdendes Leben entscheidet, das nach Maßgabe des Art 2 Abs 1 EGRC jedenfalls ab dem Zeitpunkt der Einnistung der befruchteten Eizelle in die Gebärmutter (Nidation) schon vorgeburtlich geschützt ist.[365] *Andererseits* resultiert es daraus, dass sie die weitere Verwendung des Präparats mit seiner vollendeten Ausgabe nicht mehr zu kontrollieren vermag. Seine kontrollierte Einnahme unter den Augen der apothekenleitenden Person oder eines Arztes ist *de lege lata* gesetzlich nicht vorgeschrieben. Wie bei anderen rezept- und apothekenpflichtigen Präparaten erfolgt die medizinische Indikation – im Folgenden: Indikation – für ihre Verschreibung durch den Arzt, wohingegen die apothekenleitende Person nur begrenzte

---

[357] Zur Schutzrichtung der Gewissensfreiheit vgl bereits Darstellungspunkt C. IV.
[358] Vgl *Guzmàn*, Imago Hominis 2008, 101 (113); *Spatzenberger*, Imago Hominis 2008, 131.
[359] Zur Arzneimittelabgabe durch Apothekenautomaten: *Huber/Dietrich*, RdM 2022, 99.
[360] Zur Gewissensfreiheit in der Apotheke: *Prat*, Imago Hominis 2008, 155; *Lintner*, Ethica 25 (2017) 125; *Wallner*, in *Ethik med* 2010, 117.
Wallner in Kröll/Schaupp, Gewissen (2013) 1.
[361] https://oegf.at/wp-content/uploads/2018/02/notfallkonzeption.pdf; zuletzt abgerufen am 28.04.2022.
[362] https://oegf.at/wp-content/uploads/2018/02/notfallkonzeption.pdf; zuletzt abgerufen am 28.04.2022.
[363] https://oegf.at/wp-content/uploads/2018/02/notfallkonzeption.pdf; zuletzt abgerufen am 28.04.2022.
[364] Vgl *Schauer*, Imago Hominis 2008, 153.
[365] Zum GV des Apothekers aus sozialethischer Sicht: *Prat*, Imago Hominis 2008, 155.

pharmazeutische und pharmakologische Prüfungspflichten trifft.[366] So stellt sich die Frage, ob sie die Ausgabe des Präparats unter Berufung auf ihre Gewissensfreiheit verweigern kann. Ausgangspunkt einer Antwort auf vorgenannte Frage ist auch insoweit, dass im Privateigentum gehaltene Apotheken in Österreich einen öffentlichen Versorgungsauftrag mit Arznei-, Verbands-, Heil- und Hilfsmitteln erfüllen, wobei sie auf Grund ihrer Monopolstellung bei rezept- und apothekenpflichtigen Präparaten wie der „Pille danach" kontrahierungspflichtig sind.[367] Verweigert eine apothekenleitende Person ihre Abgabe, können sich hieraus persönliche (dienstliche Verwarnung, Entlassung etc.), organisatorische (Kündigung des Vertriebsvertrages, Schadensersatzansprüche) und – in Anbetracht omnipräsenter Massen- und Sozialer Medien – öffentliche Konsequenzen (Boykottaufrufe, Proteste, Bashing etc.) für sie ergeben.[368] So kann ihr Unterlassen *grundsätzlich* durch die Gewissensfreiheit geschützt sein, wenn sie die Ausgabe der „Pille danach" verweigert.[369] In seiner Entscheidung *Pichon & Sajous ./. Frankreich* ist der EGMR[370] gleichwohl zu dem Schluss gelangt, dass die Verweigerung der Ausgabe eines Kontrazeptivums durch eine apothekenleitende Person nicht durch die Gewissensfreiheit geschützt sei, weil diese einen religiösen Bezug verlange, von dem im zu entscheidenden Fall keine Rede sein könne. Dessen ungeachtet ist davon auszugehen, dass sich die Verkürzung der Gewissensfreiheit einer apothekenleitenden Person allenfalls insoweit legitim ist, als dass sie *erstens* gesetzlich vorgesehen ist, *zweitens* ein legitimes Ziel verfolgt und *drittens* in einer liberalen Demokratie erforderlich ist, um wesentliche Rechtsgüter verhältnismäßig unter Schutz zu stellen.[371] Fraglich ist gleichwohl, inwieweit sich Apothekenbeschäftigte gegenüber ihrem Dienstgeber auf die Gewissensfreiheit berufen können, ist diese doch vornehmlich als ein subjektives Abwehrrecht[372] gegenüber *staatlichen* Einwirkungen ausgestaltet. Angesprochen ist insoweit insbesondere der Fall, dass eine Apotheke die „Pille danach" vorrätig halten und vertreiben möchte, obgleich ihr konfessionsgebundener Träger dieses untersagt.[373] Anbieten könnte sich insoweit eine Lösung, wie sie vom *BVerfG*[374] präferiert wird, wenn es den Kirchen eine grundsätzlich weite Autonomie sowohl bei der Definition des Umfangs der angesprochenen Loyalitätspflichten als auch der Auswahl der betroffenen Apothekenbeschäftigten konzedieren will. Insoweit zu respektierende Grenzen ergeben sich *einerseits* lediglich aus dem allgemeinen Willkürverbot, den Guten Sitten iSd § 879 Abs 1 ABGB, der Sicherstellung eins rechtstaatlichen Verfahrens und dem *ordre public*.[375] *Andererseits* steht zu

---

[366] Vgl *Wallner*, EM 2010, 117 (119).
[367] Vgl *Wallner*, EM 2010, 117 (119).
[368] Vgl *Wallner*, EM 2010, 117 (120).
[369] Vgl *Wallner*, EM 2010, 117 (121).
[370] EGMR 02.10.2001, 49853/99, www.juris.de.
[371] Vgl *Wallner*, EM 2010, 117 (123).
[372] Zur Schutzrichtung der Gewissensfreiheit vgl bereits Darstellungspunkt C. IV.
[373] Vgl *Wallner*, EM 2010, 117 (123).
[374] BVerfG 04.06.1985, 2 BvR 1703, 1718/83, 856/84; BVerfGE 70, 138.
[375] Vgl *Wallner*, EM 2010, 117 (123).

berücksichtigen, ein Verstoß gegen die Guten Sitten schon summarisch naheliegt, wenn eine Apotheke für rezeptpflichtige Präparate wie die „Pille danach" kontrahierungspflichtig ist und ihr konfessionsgebundener Dienstgeber sie dazu anhält, sie unter Hinweis auf die Gewissensfreiheit nicht auszugeben.[376] So erscheint ein qualifizierter GV für apothekenleitende Personen vorzugswürdig, denen hierbei – insbesondere angesichts des Verbots der *obstruction*[377] – bestimmte Beratungs-, Verweis-, Notfall- und Verständigungspflichten aufzuerlegen wären.[378] Die grundsätzliche Ablehnung einer bestimmten medizinischen Therapie aus religiösen oder festen weltanschaulichen Gründen gilt es ärztlicherseits stets zu respektieren.[379]

c) Gewissensvorbehalte am Lebensende
c.1) Sterbeverfügungsgesetz
aa) Das individuelle Selbstverfügungsrecht als Ausgangspunkt

Zumal die Entscheidung, mit voraussichtlich letaler (Folge-) Wirkung in den natürlichen Lebensverlauf eines Menschen einzugreifen, idR irreversibel ist, selbst wenn das Medikament erst mit erheblicher Verzögerung wirkt, stellt sich die Frage nach dem GV schließlich in seiner letzten Lebensphase. Auf Grund der besonderen Schutzpflicht iSd Art 2 Abs 1 EMRK ist das Leben nicht nur verfassungsrechtlich, sondern durch §§ 75 bis 81 StGB auch strafrechtlich geschützt. Bedeutung erwächst vorliegend insbesondere der Strafbarkeit der Mitwirkung an der Selbsttötung iSd § 78 StGB.[380] Danach ist mit Freiheitsstrafe zu sanktionieren, wer eine andere Person dazu verleitet, sich selbst zu töten (§ 78 Abs 1 StGB). Besondere Anforderungen ergeben sich hieraus insbesondere für die Anamnese, bei der sich die Rolle des Arztes nicht auf die eines „Vollzugsroboters[381]" reduzieren darf, sondern neben der Konstitution der betroffenen Person ihre psychische Verfassung und ihre Gemütslage zu erfassen ist, bevor er die Einzelheiten der Therapie zu erläutern beginnt. Dem nicht Rechnung zu tragen, lässt sich nach der hier vertretenen Rechtsansicht unter den Begriff des Verleitens iSd § 78 Abs 1 StGB subsumieren. Um den Anforderungen Rechnung tragen zu können, bedarf es deshalb eines Beurteilungsspielraums, der ohne GV realistisch nicht denkbar ist. Nach § 78 Abs 2 StGB ist ebenso zu bestrafen, wer einer Person minderjährigen Alters (§ 78 Abs 2 Z 1 StGB[382]), aus einem verwerflichen Beweggrund (§ 78 Abs 2 Z 2 StGB) oder einer Person, die nicht an einer Krankheit iSd § 6 Abs 3 StVfG leidet oder gemäß § 7 StVfG ärztlich aufgeklärt wurde (§ 78

---

[376] Vgl *Wallner*, EM 2010, 117 (123).
[377] Zur Unzulässigkeit des *obstruction* vgl bereits Darstellungspunkt D. II. 3.
[378] Vgl *Wallner*, EM 2010, 117 (128).
[379] Vgl *Birklbauer* in Resch/Wallner, Medizinrecht (2020) X, Rn. 86.
[380] Zur Verfassungswidrigkeit der Hinderung eines Strafgefangenen am Zugang zu den für eine Selbsttötung benötigten Medikamenten: *Lindemann,* medstra 2022, 106.
[381] Vgl Darstellungspunkt A. I. 3. a).
[382] Zur limitierten Einwilligung Minderjähriger in die ärztliche Heilbehandlung: *Kern,* JAP 2000/2001, 14.

Abs 2 Z 3 StGB), *physisch* Hilfe leistet, sich selbst zu töten.[383] Der Begriff der Hilfeleistung iSd § 78 StGB soll im Zweifel *sämtliche* möglichen Tathandlungen lückenlos erfassen.[384] Für eine Hilfeleistung iSd § 78 StGB soll es genügen, dass der Suizid in irgendeiner Art und Weise physisch oder psychisch erleichtert oder gefördert wird.[385] Dabei hält der VfGH abstrakte Gesetzesbegriffe für erforderlich und grundsätzlich vereinbar mit den Anforderungen des im Rechtsstaatsprinzip iSd Art 18 B-VG wurzelnden Bestimmtheitsgebotes.[386]

bb) Sterbehilfe vs. Sterbebegleitung vs. Beihilfe zum Suizid

Allein im Hinblick auf den demographischen Wandel und die steigende Anzahl (altersbedingter) enzephaler Erkrankungen wie Demenz[387] etc. ist am Lebensende[388] zudem das Konstrukt der Patientenverfügung iSd § 8 PatVG relevant.[389] Aller Lebenserfahrung zufolge kann niemals mit letzter Sicherheit davon ausgegangen werden, dass sich bestimmte innere Haltungen des Patienten, die untrennbar mit seiner personalen Identität verknüpft sind, nicht doch im Zeitverlauf verändern.[390] Am Lebensende ist der Arzt weiters vor strafrechtlicher Verfolgung geschützt, wenn er auf ausdrücklichen Wunsch der betroffenen Person deren künstliche Ernährung einstellt. Mit seiner Entscheidung vom 07.07.2008, in der sich die Bundesrichter mit der Frage der Strafbarkeit eines Abbruchs der lebenserhaltenden künstlicher Ernährung bei einer entscheidungsunfähigen[391] Person wegen Mordes (§§ 15, 75 StGB) zu befassen hatten, lässt der *OGH*[392] einen Behandlungsabbruch über den Fall einer (explizit) erklärten Behandlungsverweigerung in engen Grenzen selbst bei Vorliegen einer nur mutmaßlichen Verweigerung zu.[393] Für den Fall der Unterbrechung einer künstlichen Ernährung hat der *OGH* damit erstmalig eine *mutmaßliche* Behandlungsablehnung auf Grundlage einer nichtschriftlichen Willensbekundung des Patienten als rechtmäßig bestätigt.[394] Unter den gegebenen Voraussetzungen entfällt nicht nur die ärztliche

---

[383] Stellungnahme zum Entwurf des StVfG: *Bonelli/Prat/Kummer,* Imago Hominis 2021, 196.
[384] VfGH 11.12.2020, G139/2019 (G139/2019-71), N 8.2.
[385] Vgl VfGH 11.12.2020, G139/2019 (G139/2019-71), N 3.2; OGH 21.03.1972, 12 Os 239/71.
[386] VfGH 04.10.2018, G 48/2018.
[387] Zu den ethische Herausforderungen für die Sorgenden von Demenzerkrankten: *Heimerl,* Imago Hominis 2015, 267.
[388] Zur ethischen Bewertung von Entscheidungen am Lebensende: *Druml,* Intensivmed 2010, 25: *Jox,* Ethik Med 2018, 1; *Wallner,* Wiener Klinische Wochenschrift 2008, 647.
[389] Grundlegend zur österreichischen Patientenverfügung: *Kaufmann,* Patientenverfügung (2011) 1; *Neumayer,* Patientenverfügungsgesetz (2007) 1; *Schima,* öarr 2008, 494.
[390] Allgemein zur Beachtlichkeit der Patientenverfügung: *Kletečka-Pulker/Leitner,* RdM 2017, 264.
[391] Zu Einleitung und Abbruch der Behandlung bei Einwilligungsunfähigen: *Kopetzki,* iFamZ 2007, 197
[392] OGH 07.07.2008, 6 Ob 286/07p, veröffentlicht unter https://www.ris.bka.gv.at/JustizEntscheidung.wxe?Abfrage=Justiz&Dokumentnummer=JJT_20080707_OGH0002_0060OB00286_07P0000_000&IncludeSelf=False; zuletzt abgerufen am 28.04.2022.
[393] Vgl *Decker,* Behandlungen (2012) 51 ff; Zu den Grenzen der (Weiter-) Behandlungspflicht des Arztes: *Memmer,* Imago Hominis 2002, 51.
[394] Vgl *Pepelnik,* Ethische Aspekte (2020) 8; Zur Rechtslage bei Behandlungsablehnung trotz vitaler Indikation: *Mangold/Mascherbauer/Peintinger/Kopetzki,* 2010, 4.

Behandlungspflicht[395], sondern sie wird in Anbetracht des Verbots der eigenmächtigen Heilbehandlung iSd § 110 StGB – hiernach ist die nicht von der Einwilligung der betroffenen Person gedeckte Behandlung selbst dann strafbar, wenn sie nach den Regeln der ärztlichen Kunst erfolgt – durch ein Verbot der (Weiter-) Behandlung abgelöst, wenn die betroffene Person ihren Willen zur Behandlungseinstellung explizit und unmissverständlich kundgetan hat.[396] § 110 StGB soll die vom ISR umfasste freie Zustimmung zur medizinischen Behandlung auch strafrechtlich absichern.[397] Erfasst ist jede medizinische Behandlung von Ärzten oder anderer Gesundheitsdienstleister (Heilpraktiker, Homöopathen, „Geisterheiler").[398] Selbst wenn sie ihren hierauf gerichteten Willen nur mutmaßlich[399] kundgetan hat, ist ihr Arzt nicht nur zum Behandlungsabbruch berechtigt, sondern rechtlich hierzu verpflichtet.[400] Jedenfalls unter der Prämisse, dass die OGH-Entscheidung in Anbetracht sowohl des ISR der betroffenen Person als auch des Lebensschutzes (*in dubio pro vita*[401]) restriktiv zu verstehen ist, bleibt gleichwohl ungeklärt, ob in jenen Fällen, in denen ihre innere respektive mutmaßliche Haltung im fraglichen Zeitpunkt nicht erkennbar ist, (subsidiär) auf allgemeine Wertvorstellungen zurückgegriffen werden darf, wie es der *BGH* in seiner „Kemptener Entscheidung[402]" aus dem Jahre 1994 zulassen will und auch von *Bernat*[403] präferiert wird. Ein Rückgriff auf „allgemeine Wertvorstellungen" ließe dem Arzt einen – gerichtlich nur eingeschränkt überprüfbaren- Wertungs- und Beurteilungsspielraum, innerhalb dessen er seinem Gewissen folgen könnte.

c.2) Sterbeverfügung vs. Patientenverfügung

Hierzulande wie auch anderswo sind Ärzte und berufsbegleitendes Gesundheitspersonal mit dem Dilemma einer alternden Bevölkerung konfrontiert. Demographischer Wandel und die hierdurch bedingte erhöhte Nachfrage nach MGD, die zusätzlich durch medienwirksame Verheißungen der Schönheitsindustrie, der Neurobiologie sowie der Medizinrobotik angetrieben wird, haben eine Ressourcenknappheit medizinischer Güter zur Folge und sich als Preistreiber erwiesen, der mit dem Anspruch eines diskriminierungsfreien Zugangs iSd Art 35 S 1 iVm Art 21 EGRC zur Gesundheitsversorgung im Konflikt steht. So wird es angesichts der weiter steigenden Zahl enzephaler Erkrankungen zunehmend bedeutsamer, die individuellen Präferenzen für eine bestimmte Therapie in einer zukünftig möglichen Situation,

---

[395] Zu den Grenzen der Behandlungspflicht: OGH 20.02.2020 6 Ob 17/20y; OGH 4.8.2009, 9 Ob 64/08i; OGH 7.3.2006, 5 Ob 165/05h; OGH 23.3.2000, 10 Ob 24/00b; *Memmer,* Imago Hominis 2002, 51; *Wallner,* RdM 2017, 212.
[396] Vgl *Decker,* Behandlungen (2012) 55.
[397] Vgl *Birklbauer* in Resch/Wallner, Medizinrecht (2020) X, Rn. 76.
[398] Vgl *Birklbauer* in Resch/Wallner, Medizinrecht (2020) X, Rn. 78.
[399] Zur Zeitgemäßheit des mutmaßlichen Willens: *Köberl/Sitner,* RdM 2019, 108.
[400] Vgl *Bernat,* JBl 2009, 129 (130).
[401] Zu diesem Prinzip vgl bereits Darstellungspunkt A. I. 3. a)
[402] BGH 13.09.1994, 1 StR 357/94, BGHSt. 40, 257.
[403] Vgl *Bernat,* JBl 2009, 129 (131).

in der die betroffene Person sie infolge eines enzephalen Defektes selbst nicht mehr explizit zu äußern vermag, in einer formalisierten Erklärung schon frühzeitig zu verschriftlichen, zumal sich aus dem ISR über den eigenen Körper ein subjektives (Grund-) Recht auf zukunftswirksame Festlegungen herleiten lässt:[404] Zu einer Zeit, in der sie ihren Präferenzen ob einer ungestörten Einsichts- und Urteilsfähigkeit Ausdruck zu geben vermag, trifft sie eine Sterbe- respektive Patientenverfügung, d.h. eine zukunftsbezogene Disposition respektive „vorverlagerte Willensäußerung[405]" über den eigenen Körper, die ärztlicherseits indessen nur vollzogen werden darf, wenn sie ihren Willen bei Eintritt der fraglichen Situation tatsächlich nicht mehr zu äußern vermag. Der Bundesgesetzgeber ermöglicht dieses *einerseits* mit dem Institut der Patientenverfügung. Diese ist nach §§ 4 ff PatVG verbindlich, wenn sie sich auf eine (zukünftige) konkrete, gegenwärtige oder unmittelbar bevorstehende Situation bezieht.[406] Der österreichische Bundesgesetzgeber ermöglicht dieses *andererseits* mit dem Sterbeverfügungsgesetz (StVfG), das die Voraussetzungen und Wirksamkeit von Sterbeverfügungen zum Nachweis eines dauerhaften, freien und selbstbestimmten Entschlusses zur Selbsttötung regeln soll (§ 1 Abs 1 StVfG).[407] Dabei ist in einer Sterbeverfügung nach § 5 S. 1 StVfG der Entschluss der sterbewilligen Person festzuhalten, ihr Leben zu beenden. In der Verfügung hat sie (auch) *explizit* zu erklären, dass ihr hierauf gerichteter Entschluss frei und selbstbestimmt nach ausführlicher Aufklärung gefasst wurde, § 5 S. 2 StVfG. Aus Sicht des Arztes erwächst insoweit die Gefahr des Vorwurfes aus § 78 Abs 1 StGB, die betroffene Person im Rahmen der Anamnese dazu verleitet zu haben, sich selbst zu töten, sodass eine ebenso akribische wie lückenlose Dokumentation der Aufklärung iSd § 7 StVfG angezeigt ist und insbesondere die Anforderungen des § 7 Abs 3 StVfG zu beachten sind. Abgesetzt werden kann die Verfügung ausschließlich von einer Person, die entweder an einer unheilbaren, (voraussichtlich) letal verlaufenden Krankheit (§ 6 Abs 3 Z 1 StVfG) oder einer schweren, dauerhaften Krankheit mit anhaltenden Symptomen leidet, deren Folgen sie in ihren gesamten Lebensführung dauerhaft beeinträchtigen (§ 6 Abs 3 Z 2 StVfG), wobei die Krankheit für sie einen nicht anders abwendbaren Leidenszustand mit sich bringt. *Einerseits* sind sterbehelfende Maßnahmen grundsätzlich irreversibel, sodass sie mit der Lebensschutzpflicht im Konflikt stehen und unter Berücksichtigung ihre Folgen zu bewerten sind.[408] *Andererseits* sind Ärzte als Adressaten von Sterbeverfügungen mit den Dilemmata konfrontiert, dass sich die Persönlichkeit eines Menschen im Zeitverlauf verändern kann, insbesondere wenn die Sterbeverfügung geraume Zeit zurückliegt.[409] Es lässt sich niemals mit

---

[404] Vgl. *Nationaler Ethikrat,* Patientenverfügung, S. 16.
[405] Vgl *Birklbauer* in Resch/Wallner, Medizinrecht (2020) X, Rn. 96.
[406] Vgl *Birklbauer* in Resch/Wallner, Medizinrecht (2020) X, Rn. 86.
[407] Zur Novelle des StVfG: *Burda,* RdM 2022, 88.
[408] Vgl *Lintner,* Ethica 25 (2017) 125 (129 f).
[409] Zur Rechtsprechung des EGMR zu Sterbe und Suizidhilfe unter besonderer Berücksichtigung von EGMR 05.06.2015, 46043/14 (*Lambert/Frankreich*): *Augsberg/Szczerbak,* medstra 2016, 3; Zur Rolle des Arztes als Tötungshelfer: *Cullen,* Ethica 24 (2016) 217.

letzter Sicherheit ausschließen, dass sich sein enzephaler Zustand verbessert, sodass das Institut der Sterbeverfügung sowohl mit dem Recht auf Leben als auch dem Autonomieprinzip[410] im Konflikt steht. § 6 StVfG postuliert insoweit, dass die sterbewillige Person im Zeitpunkt der Aufklärung iSd § 7 StVfG *und* der Errichtung der Sterbeverfügung volljährig und entscheidungsfähig sein muss (§ 6 Abs 1 S. 1 StVfG). Sie muss zweifelsfrei entscheidungsfähig sein (§ 6 Abs 1 S. 2 StVfG). Sowohl ihre Entscheidungsfähigkeit als auch ihr freier und selbstbestimmter Entschluss bedürfen in Anbetracht des § 7 Abs 1 StVfG der *expliziten* und schriftlichen ärztlichen Bestätigung.

Allein im Hinblick auf ihre gesetzliche Formalisierung lässt sich eine Sterbeverfügung *einerseits* ein verbindlicher, an den Arzt adressierter Verhaltensbefehl qualifizieren, wie in der konkreten Situation zu verfahren ist. Ihr rechtswirksames Vorliegen rechtfertigt den ärztlichen Eingriff und schützt den Arzt vor Strafverfolgung. Ihre Nichtumsetzung ungeachtet der tatbestandlichen Voraussetzungen kann eine eigenmächtige Heilbehandlung iSd § 110 StGB darstellen. *Andererseits* resultiert für den Arzt ein tatbestandlicher Bewertungsspielraum, ob die in der Verfügung geregelte Situation tatsächlich eingetreten ist. In den Grenzen dieses Spielraums hat er mehrere Behandlungsoptionen. Soweit er eine davon ergreift, schützt ihn seine Gewissensfreiheit nach hier vertretener Rechtsansicht selbst dann vor Strafverfolgung, wenn ihm ein naher Angehöriger im Nachhinein vorwirft, die ergriffene Behandlungsoption würde dem Willen der betroffenen Person widerstreiten.

§ 2 Abs 1 S. 1 StVfG verleiht der Gewissensfreiheit Ausdruck, indem niemand verpflichtet ist, eine ärztliche Aufklärung iSd § 7 StVfG durchzuführen oder an der Errichtung einer Sterbeverfügung mitzuwirken. In Anbetracht seines Gesetzeswortlautes („niemand") ist aus der Gewissensklausel des § 2 Abs 1 S. 1 StVG über den Kreis der Ärzte hinaus jedermann, dh. jede natürliche Person hierzu berechtigt. Zugleich ist ihr sachlicher Anwendungsbereich sehr weit gezogen, weil der unbestimmte Rechtsbegriff des Mitwirkens im Zweifel jeden Beitrag erfasst, der sich in irgendeiner Weise kausal für das Zustandekommen der Verfügung auswirkt. Weiters darf niemand wegen einer Hilfeleistung, einer ärztlichen Aufklärung, der Mitwirkung an einer Sterbeverfügung oder der Weigerung, eine Hilfeleistung zu erbringen, eine ärztliche Aufklärung durchzuführen oder an der Errichtung einer Sterbeverfügung mitzuwirken, in welcher Art auch immer benachteiligt werden (§ 2 Abs 2 StVfG).

c.3) Beistand für Sterbende nach § 49a ÄrzteG

Aufgrund seiner Benefizienzpflicht[411] muss der Arzt *einerseits* das Leiden der betroffenen Person lindern, sodass bei vorliegender Indikation[412] die Verabreichung schmerzlindernder Medikamente veranlasst sein kann, die ein Lebensende in Würde ermöglichen, gleichwohl

---

[410] Zum Autonomieprinzip vgl bereits Darstellungspunkt B. II. 4. a.1).
[411] Zum Benefizienzprinzip vgl Darstellungspunkt B. II. 4. a.2).
[412] Vgl *Birklbauer* in Resch/Wallner, Medizinrecht (2020) X, Rn. 137,

lebensverkürzend wirken. § 49a Abs 1 StGB verpflichtet den Arzt, Sterbenden, die von ihr/ihm in Behandlung übernommen wurden, unter Wahrung ihrer Würde beizustehen. Im IPS-Kontext hat er ihr ISR zu achten, selbst wenn ihr geäußerter Wille – gemessen am allgemeinen Durchschnittsempfinden – irrational oder unvernünftig erscheinen mag.[413] Ebenso kann der Arzt gehalten sein, zu respektieren, dass die betroffene Person in ihren letzten Tagen den Leidensweg Christi nachempfinden will und auf *jegliche* schmerzlindernde Medikamente verzichtet. Sie dennoch zu verabreichen, kann als eigenmächtige Heilbehandlung iSd § 110 StGB zu werten sein, die grundsätzlich nur dann ausgeschlossen ist, wenn die Behandlung medizinisch indiziert ist und den freien Willen der betroffenen Person vollzieht. Seine Bindung an das Autonomieprinzip[414] kann den Arzt gleichwohl in ein Dilemma stürzen, wenn sie im Zeitpunkt der Entscheidung über die Therapie infolge eines enzephalen Defektes (Demenz, Alzheimer, Parkinson etc.) diesen nicht mehr zu äußern vermag, keine Sterbeverfügung abgesetzt hat und keine (anderen) greifbaren Anhaltspunkte vorliegen, wie sie in der konkreten Situation ohne den Defekt mutmaßlich entschieden hätte. *De lege lata* ist nur die aktive respektive direkte Sterbehilfe strafbedroht ist, ohne dass Einigkeit über den Zeitpunkt des Beginns des natürlichen Sterbeprozesses oder dessen Vollendung (irreversibler Stillstand jeglicher enzephalen Aktivität[415] etc.) besteht.[416] Die richtige ärztliche Entscheidung über die Leistung zulässiger indirekter Sterbehilfe gibt es nicht.[417] Vielmehr hat der Arzt nach dem Wortlaut des § 49a Abs 2 StGB („insbesondere auch") einen Beurteilungsspielraum, der ihm („im Verhältnis…überwiegt") eine Abwägung abverlangt zwischen dem individuellen Interesse der betroffenen Person, ihre letzte Lebensphase in Würde zu verbringen, und am Erhalt ihrer essenziellen Vitalfunktionen. Im Rahmen palliativmedizinischer Indikationen lässt § 49a Abs 2 StGB bei Sterbenden Maßnahmen zu, deren Nutzen zur Linderung schwerster Schmerzen im Verhältnis zum Risiko des Verlusts vitaler Lebensfunktionen überwiegt. Der Begriff der Qualen iSd §49a Abs 2 ÄrzteG rekurriert auf Leiden respektive Angstzustände, die infolge ihrer beträchtlichen Intensität, ihrer Dauer oder ihres wiederholten Auftretens mit *erheblichen* Beeinträchtigungen ihres psychischen oder physischen Wohlbefindens verbunden sind.[418] Angesichts seiner Bindung an das ISR und das Autonomieprinzip hat der Arzt selbst in einer von humanistischen Prinzipien geleiteten Gesellschaft vornehmlich letzteren Rechnung zu tragen hat. Eine *de lege artis* durchgeführte palliativmedizinische Behandlung kann angesichts ihrer schmerzlindernden Wirkung dem Wert des verbleibenden Lebens zugutekommen und „lebensverlängernd" wirken.[419]

---

[413] Vgl *Birklbauer* in Resch/Wallner, Medizinrecht (2020) X, Rn. 85; *Lintner*, Ethica 25 (2017) 125 (128).
[414] Zum Autonomieprinzip vgl bereits Darstellungspunkt B. II. 4. a.1).
[415] OGH 17.12.2019, 2 Ob 62/19k; veröffentlicht unter https://www.ogh.gv.at/entscheidungen; zuletzt abgerufen am 28.04.2022.
[416] Zum Vergleich der Sterbehilfe in Deutschland und Österreich: *Huber,* JMG 2020, 67.
[417] Zur gesetzlichen Verankerung der „indirekten Sterbehilfe": *Birklbauer,* JMG 2018, 200.
[418] Vgl VfGH 11.12.2020, G139/2019 (G139/2019-71), N 3.2.; OGH 16.06.2016, 12 Os 40/16y.
[419] Vgl *Birklbauer* in Resch/Wallner, Medizinrecht (2020) X, Rn. 94.

V. Grenzen der Regulierung
1. Erwägungen der Reziprozität

Allein auf Grund seiner demokratischen Legitimation liegt es bei dem Gesetzgeber, durch Gesetze einen Ausgleich zu schaffen zwischen den widerstreitenden Interessen und Positionen, vorliegend dem allgemeinen Interesse an der Sicherstellung eines hohen Gesundheitsschutzniveaus sowie einem diskriminierungsfreien Zugang zur gesundheitlichen Versorgung (Art 35 S. 1 iVm 21 EGRC) und dem (individuellen) Interesse des Arztes am Schutz seiner moralischen Identität und Integrität (Art 9 Abs 1 EMRK, Art 14 StGG). Diese miteinander konkurrierenden respektive gegenläufigen Interessen gilt es, ihrer Schutzwürdigkeit und Schutzbedürftigkeit entsprechend auszutarieren und sie idealiter in ein Verhältnis größtmöglicher praktischer Konkordanz[420] zu bringen, wobei die gesellschaftlichen Folgewirkungen zu fokussieren sind, soweit sie bei Abschluss des parlamentarischen Diskurses absehbar sind. Insbesondere ist der Spezifität des Regelungsgegenstandes Rechnung zu tragen. Bei der Frage nach der Regulierbarkeit des GV gilt es *einerseits*, die enge Verknüpfung der Gewissensfreiheit mit der Menschenwürdegarantie zu berücksichtigen, die den Arzt – letztlich im Interesse der betroffen Person – vor einer unverhältnismäßigen Fremdbestimmung insbesondere durch politische Akteure schützt, die angesichts ihres abstrakt-generellen Instrumentariums weder der Individualität der betroffenen Person noch der Spezifität des Behandlungsmandats Rechnung zu tragen vermögen und Unzulänglichkeiten der medizinischen Versorgung zur Folge haben und die Zielsetzung iSd Art 35 S. 2 EGRC unterminieren (können). Erwägungen der Reziprozität folgend, sollte sich die Diversität der Nachfrageseite im MGD-Angebot widerspiegeln. *Andererseits* gilt es dem subjektiven Recht iSd Art 35 S. 1 iVm Art. 21 EGRC auf (diskriminierungsfreie) ärztliche Versorgung Rechnung zu tragen, das eng mit der Lebensschutzpflicht verwoben ist. Zumal es typischerweise die durch Art 8 Abs 1 EMRK geschützte Intimsphäre berührt, wenn sich jemand einer ärztlichen Behandlung unterwirft – eine zielführende Anamnese verlangt von der betroffenen Person idR eine möglichst lückenlose Offenbarung ihres Anliegens –, setzt die Funktionsfähigkeit des Gesundheitswesens ein gewisses Grundvertrauen in die Integrität und Zuverlässigkeit der ärztlichen Versorgung voraus.[421] Ohne ein Minimum an Standardisierung wird sich diese realistisch nicht einstellen. Dieses Minimum an Standardisierung markiert eine systembedingte Grenze der Regulierung des GV, die nach der hier vertretenen Rechtsansicht indessen weniger das Ob, sondern das Wie der Erbringung einer ärztlichen Leistung betrifft. Selbstredend kann erwartet werden, dass ärztliche Leistungen *de lege artis* erbracht werden. Die Nachfrageseite muss sich ohne Wenn und Aber darauf verlassen können, dass *angebotene* ärztliche Leistungen diesem Minimum genügen.

---

[420] Zum Kriterium der praktischen Konkordanz vgl bereits Darstellungspunkt B. I. 1.
[421] Vgl *Lintner*, Ethica 25 (2017) 125 (132).

2. Kollidierende Grundrechte höherer Schutzwürdigkeit

In Anbetracht der Lebensschutzpflicht muss sich die Nachfrageseite weiters darauf verlassen können, dass ärztliche Leistungen bei unmittelbarer Lebensgefahr ohne Weiteres verfügbar sind. Zwar unterliegt der Arzt angesichts der horizontalen Drittwirkung[422] des ISR auch unter diesen Umständen der Strafandrohung des § 110 Abs 1 StGB. Zur Indikation muss die jedenfalls mutmaßliche Einwilligung der betroffenen Person hinzutreten.[423] Selbst irrationale Erwägungen sind auf Grund ihres ISR und ihres Selbstverfügungsrechts über den eigenen Körper vom Arzt zu respektieren.[424] Auf Grund des Gleichheitsgrundsatzes kann sie verlangen, selbstbestimmt sowohl über ihr Leben als auch den Zeitpunkt menschenwürdigen Sterbens entscheiden.[425] Bei Vorliegen einer unmittelbaren Lebensgefahr kann er auf Grund seiner Bindung an die Schutzpflicht für das Leben indessen nicht darauf insistieren, sein Gewissen lasse den lebensrettenden Eingriff nicht zu, will er sich nicht wegen unterlassener Hilfeleistung iSd § 95 StGB strafbar machen. In Situationen besonderer Dringlichkeit der medizinischen Versorgung steht dem Arzt allein angesichts des Rechtstaatsprinzips iSd Art 18 B-VG kein Recht zu, die betroffene Person aus Gewissensgründen an einen anderen Anbieter zu verweisen. Hier verläuft eine weitere Grenze der Regulierung des GV.

3. Kein Recht zur Missionierung des Patienten (Verbot des *obstruction*)

In Anbetracht des hohen Stellenwerts des ISR im Gesamtgefüge der österreichischen Bundesverfassung sind ärztlicherseits irrationale Erwägungen der betroffenen Person selbst dann zu respektieren, wenn sich das Unterlassen einer sofortigen ärztlichen Intervention letal auswirken kann. Seine rechtsethische Entsprechung findet dieses in der Unzulässigkeit der *Obstruction*[426]. Zwar ist es dem Arzt unbenommen, der betroffenen Person Behandlungsalternativen[427] vorzustellen, wozu er auf Grund des Benefizienzprinzips[428], seines überlegenen medizinischen Wissens, seiner Bindung an die Unversehrtheitsgarantie und den Grundsatz der Verhältnismäßigkeit sogar verpflichtet sein kann. Allein auf Grund des Autonomieprinzips[429] ist es ihm jedenfalls nach vorangegangener Aufklärung untersagt, die betroffene Person zu hindern, ihre Zielvorstellungen umzusetzen. Sie im Widerspruch hierzu zu behandeln, käme nicht nur einer paternalistischen[430] Medizin gleich, sondern würde selbst bei erforderlicher Indikation den Straftatbestand der eigenmächtigen Heilbehandlung iSd § 110 Abs 1 StGB verwirklichen.[431]

---

[422] Zur horizontalen Drittwirkung vgl Darstellungspunkt B. II. 1. b.1).
[423] Vgl *Birklbauer* in Resch/Wallner, Medizinrecht (2020) X, Rn. 88.
[424] Vgl *Birklbauer* in Resch/Wallner, Medizinrecht (2020) X, Rn. 76.
[425] VfGH 11.12.2020, G139/2019 (G139/2019-71), N 5.3.
[426] Zur Unzulässigkeit des *obstruction* vgl bereits Darstellungspunkt D. II. 3.
[427] Zum verpflichtenden Hinweis auf alternative Angebote vgl Darstellungspunkt D. III. 2. e) und 4 c).
[428] Zum Benefizienzprinzip vgl Darstellungspunkt B. II. 4. a.2).
[429] Zum Autonomieprinzip vgl bereits Darstellungspunkt B. II. 4. a.1).
[430] Zum paternalistischen Modell Vgl bereits Darstellungspunkt A. I. 3. b).
[431] Vgl *Birklbauer* in Resch/Wallner, Medizinrecht (2020) X, Rn. 87.

4. Aufklärungspflichten des Arztes hinsichtlich Versorgungsalternativen

Ein diskriminierungsfreier Zugang insbesondere zur ärztlichen Versorgung iSd Art 35 S. 1 iVm Art 21 EGRC kann bedeuten, dass die nachgefragte medizinische Leistung räumlich und zeitlich gut erreichbar sein muss, dh. insbesondere Facharzttermine ohne Inkaufnahme unzumutbarer Wartezeiten erreichbar sind. So stellt sich die Frage, ob ein Arzt, der eine nachgefragte medizinische Behandlung aus Gewissensgründen ablehnt, *gesetzlich* verpflichtet werden kann, die betroffene Person über Behandlungsalternativen respektive alternative Anbieter zu informieren. *Dafür* streitet der Umstand, dass die Gesundheitsvorsorge iSd Art 35 S. 1 EGRC im Kern um eine öffentliche Aufgabe ist. *Dagegen* streiten die Verfasstheit des Arztberufes als grundsätzlich freier Beruf und der Umstand, dass sich die Informationsasymmetrien zwischen Anbietern und Nachfragern medizinischer Leistungen im Informationszeitalter infolge der Ubiquität des Internet zunehmend nivellieren und den Nachfragern zahlreiche Online-Portale (Ärztelisten i.S.d. § 27 ÄrzteG, Bewertungsportale[432] etc.) zugänglich sind, die ihnen inzwischen einen guten Überblick sowohl über die Anbieter von MGD als auch Behandlungsalternativen ermöglichen. Anstatt Ärzten eine dementsprechende (weitere) Informations- und Beratungspflicht aufzuerlegen, gilt es nach der hier vertretenen Rechtsansicht zu erwägen, ein allgemein zugängliches Register iSd § 27 ÄrzteG auf den Weg zu bringen, aus dem der Nachfrageseite Gewissensbindungen der Anbieter ohne Weiteres ersichtlich sind, sodass ihnen eine zielgerichtete Akquise und Orientierung schon frühzeitig ermöglicht wird. In Anbetracht der Unzulässigkeit der *obstruction*[433] streitet hierfür, dass von Ärzten, die eine bestimmte Behandlung ablehnen oder ihr jedenfalls kritisch bis distanziert begegnen, eine unbefangene und ergebnisoffene Beratung über Behandlungsalternativen realistisch nicht zu erwarten ist.[434] Auf Grund ihres Autonomieprinzips[435] können die Nachfrager von MGD diese gleichwohl erwarten, soweit Ärzten hierdurch nicht unverhältnismäßig belastet werden.

Anstatt gewissensbefangenen Anbietern zusätzliche, bei realistischer Betrachtung nicht ergebnisoffen erfüllbare Informations- und Beratungspflichten aufzuerlegen, ist ergänzend zum vorgeschlagenen Register zu erwägen, Beratung über und von MGD in jenen Bereichen organisatorisch zu trennen, in denen Konflikte zwischen dem ISR und der ärztlichen Gewissensfreiheit typischerweise auftreten oder unvermeidlich sind. Ärzte würden hierdurch, wie vom (Verfassungs-) Gesetzgeber intendiert, an Gewissenskonflikten „vorbeigeführt". Nachfrager von MGD hingegen müssten weniger Einschränkungen hinsichtlich der Erreichbarkeit individuell nachgefragter MGD in Kauf zu nehmen, die sich (typischerweise) aus ihrem Insistieren auf individueller Selbstbestimmung auch in Gesundheitsfragen ergeben.

---

[432] Zur ungleichen Darstellung auf Ärztebewertungsportalen: BGH 12.10.2021, VI ZR 488/19, www.juris.de; *Reif*, NJW 2022, 1107.
[433] Zur Unzulässigkeit des *obstruction* vgl bereits Darstellungspunkt D. II. 3.
[434] Vgl *Lintner*, Ethica 25 (2017) 125 (132).
[435] Zum Autonomieprinzip vgl bereits Darstellungspunkt B. II. 4. a.1).

Schließlich würden in einer Zeit vornehmlich demographiebedingtem Kosten- und Leistungsdrucks Allokation und Effizienz der medizinischen Versorgung verbessert – im Interesse sowohl der Volkswirtschaft als auch der Versichertengemeinschaft.

5. Bioethische Prinzipien von *Beauchamp/Childress*

Selbstredend ist hierbei den bioethischen Prinzipien von *Beauchamp/Childress*[436] Rechnung zu tragen, auf deren obige Darstellung im Hinblick auf den planmäßigen Seitenumfang verwiesen wird, ohne sie an dieser Stelle erneut darzustellen.

E. SINNHAFTIGKEIT DER RECHTLICHEN NORMIERUNG DES GEWISSENSVORBEHALTS

I. Aktualität der Fragestellung

In Anbetracht der übergelagerten Themenstellung gilt es schließlich die Frage nach der Sinnhaftigkeit des GV zu klären. *De lege lata* stellt sie sich, weil sich in einer freiheitlich verfassten Gesellschaft, in deren Mittelpunkt der Einzelne und sein Wirken als eigenverantwortliche Person stehen, ausnahmslos jede abstrakt-generelle Regelung an der Schutzgewährleistung der Menschenwürde messen lassen muss, soll sie sich nicht in „blindem Paternalismus[437]" erschöpfen, sondern dem ISR seiner Schutzwürdigkeit entsprechenden Raum geben. Der deontologischen Ethik[438] folgend, muss in freiheitlichen Gemeinwesen jede rechtliche Normierung der gesellschaftlich vorherrschenden Lebenswirklichkeit folgen, nicht umgekehrt die Lebenswirklichkeit der Norm. So gebietet es die Menschenwürdegarantie, die es jeglicher staatlichen Gewalt untersagt, die einzelne Person zum Objekt ihres Handelns herabzustufen. Bei einem Konflikt zwischen dem ISR und dem staatlichen Anspruch, die Lebenssituation durch abstrakt-generelle Verhaltensbefehle fremdzusteuern, ist es folgerichtig geboten, im Zweifel dem ISR Vorrang einzuräumen, das die Spezifität des Behandlungsmandats determiniert. Diese offenbart Grenzen der abstrakt-generellen Typisierung als eines der Wesensmerkmale rechtlicher Normierung. Im IPS-Kontext bedingt sie die Notwendigkeit eines größtmöglichen Freiraums ärztlicher Behandlung, um sowohl den Arzt als auch die betroffene Person vor unverhältnismäßiger Fremdbestimmung zu schützen, die nicht nur dem unionalen Ziel eines hohen Gesundheitsschutzniveaus iSd Art 35 S. 2 EGRC, sondern dem Anliegen einer bestmöglichen Allokation medizinischer Ressourcen zuwiderlaufen kann. Beide Ziele lassen sich (langfristig) nur erreichen, wenn dem behandelnden Arzt in der konkreten Behandlungssituation ein Entscheidungsspielraum belassen ist, der seiner moralischen Identität und Integrität Rechnung trägt und die Behandlungsbeteiligten durch eine intelligente Steuerung an Gewissenskonflikten

---

[436] Zu den medizinethischen Prinzipien nach *Beauchamp/Childress* vgl Darstellungspunkt B. II. 4. a).
[437] Zum paternalistischen Modell Vgl bereits Darstellungspunkt A. I. 3. b).
[438] Zur deontologischen Ethik *Immanuel Kants* Vgl bereits Darstellungspunkt A. I. 1.

vorbeiführt.[439] Die zentrale Zielsetzung muss darin bestehen, Situationen der unmittelbaren Gewissenskonfrontation zu vermeiden oder jedenfalls zu minimieren.[440] Vieles streitet deshalb für die Beibehaltung und Weiterentwicklung des GV. Eine gesetzliche Regelung, die einen Arzt ungeachtet seines akademischen Wissens und seiner berufspraktischen Erfahrung zu einem bloßen „Vollzugsroboter[441]" degradiert, stünde deshalb weder im Einklang mit den verfassungsrechtlichen Determinanten[442] noch würde sie einen (messbaren) gesellschaftlichen Mehrwert generieren. Obgleich die ärztliche Berufsausübung weithin durch das Element einer „unvertretbaren Einsamkeit" geprägt ist, das medizinische Wertungsspielräume erfordert, um eine eng am Willen der betroffenen Person ausgerichtete Therapie zu ermöglichen, ginge die Nichtzuerkennung von Gewissensspielräumen mit der Gefahr von Diskriminierungen einher. *De lege ferenda* geht es darum, sowohl angesichts der gesellschaftlichen Disruptionen als auch der Geschwindigkeit des medizinischen Fortschritts festzustellen, in welchen medizinischen Bereichen zusätzliche ärztliche Freiräume geboten sein könnten, insbesondere um Versorgungslücken zu schließen. Im IPS-Kontext gilt es zur Vermeidung von Versorgungslücken seitens des Gesetzgebers darauf hinzuwirken, dass sich die unterschiedlichen gesellschaftlichen Strömungen im Rahmen des medizinischen Versorgungsangebots wiederfinden.

II. Erwägungen *gegen* die rechtliche Normierung
1. Unverhältnismäßig eingeschränkter Zugang zur Medizin

Gegen den GV ließe sich bei summarischer Betrachtung einwenden, dass es Situationen geben kann, in denen es auf ein sofortiges ärztliches Handeln ankommt und eine zeitliche Verzögerung, aus welchen Gründen auch immer, mit (nachhaltigen) gesundheitlichen Folgewirkungen für die betroffene Person verbunden sein kann, die bis zur konkreten Lebensgefährdung reichen können. In diesen Situationen kann die betroffene Person eine sofortige störungsfreie medizinische Versorgung erwarten, ohne dass sich der konsultierte Arzt in einen ausgedehnten Abwägungsprozess verstrickt. Unter diesen Umständen ist das Interesse der betroffenen Person an einer sofortigen, unverzögerten ärztlichen Intervention angesichts der verfassungsrechtlichen Determinanten (Lebensschutzpflicht vs. ärztliche Gewissensfreiheit) schon abstrakt als höherwertig einzustufen als die moralische Identität und Integrität des Arztes.[443] Unter diesen Umständen kommt es zu einer Bewährungsprobe für die Gewissensfreiheit des Arztes *und* die medizinische Versorgung in ihrer Gesamtheit, die es allein aus normenhierarchischen Erwägungen zu Gunsten des Lebensschutzes aufzulösen gilt (*in dubio pro vita*). Soweit die Gegner des GV indessen geltend machen, eine

---
[439] Vgl *Lintner*, Ethica 25 (2017) 125 (132).
[440] Vgl *Lintner*, Ethica 25 (2017) 125 (141).
[441] Vgl Darstellungspunkt A. I. 3. a).
[442] Zu den verfassungsrechtlichen Determinanten vgl Darstellungspunkt B. II 1.
[443] Zu den verfassungsrechtlichen Determinanten vgl Darstellungspunkt B. II 1.

Leistungsverweigerung aus Gewissensgründen laufe unweigerlich auf Effizienz- und sonstigen Störungen der medizinischen Versorgung hinaus, ist dem entgegenzuhalten, dass sich bei lebensnaher Betrachtung stets wenige Ärzte in die Behandlungsverweigerung „flüchten" werden, sodass die Sorge vor Effizienzstörungen eher theoretischer Natur ist.[444] Dem Argument einer gewissensbedingten funktionalen Störung des Gesundheitswesens fehlt es an der erforderlichen Potenzialität.

2. Förderung von Arbitrage-Effekten

In Anbetracht der unionalen Grundfreiheiten und einer im IPS-Kontext hochgradigen Mobilität der Konsumenten steht weiters zu befürchten, dass sich die Nachfrage nach MGD grenzüberschreitend in andere Länder verlagern könnte. Als mahnendes Beispiel lässt sich der Abtreibungs- und Sterbehilfetourismus anführen. Wenden sich immer mehr betroffene Personen einer inländischen Behandlung ab, greift ihre Regulierung irgendwann ins Leere. Es kommt zu Arbitrage-Effekten, welche die Deutungshoheit des nationalen Gesetzgebers zunehmend infrage stellen könnten. Innerhalb des Systemkonflikts zwischen liberalen Demokratien und Autokratien ist sie wichtiger denn je. Gegner des GV sehen im staatlichen Gesetz den ausschließlich geltenden Regelungsmechanismus und verweisen darauf, dass seine Regelungsadressaten angesichts des Mehrheitsprinzips selbst ungerechte Gesetze hinzunehmen hätten, soweit das Gesetz fehlerfrei zustande gekommen ist.[445]

3. Unterminierung demokratisch legitimierter Liberalisierung der Medizin

Im Zweifel bedarf eine Rechtsnorm zur Ausgestaltung des Gesundheitswesens angesichts des Rechtsstaatsprinzips iSd Art 18 Abs 1 B-VG eines Parlamentsgesetzes. Sie berührt wesentliche Fragen, über die grundsätzlich nur ein demokratisch legitimiertes Vertretungsgremium wie der Nationalrat entscheiden darf. Gegen einen GV ließe sich deshalb anführen, dass medizinische Fragen ausnahmslos durch ein Parlamentsgesetz geregelt sein müssen, um die betroffene Person in ihrem Vertrauen in die medizinische Versorgung vor ärztlicher Willkür zu schützen, die Wertungen des Parlamentsgesetzgebers zur größtmöglichen praktischen Wirksamkeit zu bringen und die medizinische Versorgung davor zu schützen, dass ihre demokratische legitimierte Liberalisierung durch sachfremde Erwägungen unterminiert wird.

---

[444] Vgl *Guzmàn,* Imago Hominis 2008, 101 (113).
[445] Vgl *Guzmàn,* Imago Hominis 2008, 101 (110).

4. Schutz vor unverhältnismäßigem Paternalismus

Gegen den GV ließe sich schließlich einwenden, dass die betroffene Person angesichts ihres ISR, ihrer Berechtigung aus dem Autonomieprinzip[446] und ihres Selbstverfügungsrechts[447] über ihren Körper im Zweifel verlangen kann, dass der im IPS-Kontext zum medizinischen Dienstleister gewandelte Arzt bei vorliegender medizinischer Indikation ihren privatautonomen Willen umsetzt, allein um sie vor einer paternalistischen Medizin zu schützen.[448] Die Ubiquität des Internet hat im IPS-Kontext zu einer Nivellierung vormaligen Informationsasymmetrien zwischen Arzt und betroffener Person geführt – nicht selten ist es letztere, die am besten zu beurteilen vermag, was ihr guttut und was ihr schadet. Dem Argument eines unverhältnismäßigen Paternalismus ist gleichwohl entgegenzuhalten, dass der eine Behandlung aus Gewissensgründen ablehnende Arzt seine Haltung anderen idR nicht oktroyiert, sondern – eine Leistungsverweigerung aus Gewissensgründen ist selten aggressiv – friedlich darauf insistiert, seine (medizin-) ethische Überzeugung als integraler Bestandteil seiner moralischen Identität zu respektieren.[449] Eine Leistungsverweigerung aus Gewissensgründen zählt zu den effektivsten Modalitäten einer toleranten und zugleich demokratischen Eindämmung im IPS-Kontext resultierender Friktionen zwischen Majorität und Minorität einer Gesellschaft. Auch das Argument, eine Leistungsverweigerung aus Gewissensgründen könne darauf hinauslaufen, durch Minderheiten ein repressives Klima zu erzeugen, entbehrt damit jeder vernünftigen Grundlage.[450] Soweit sich Gegner des GV schließlich darauf stützen wollen, eine Leistungsverweigerung aus Gewissensgründen kulminiere darin, mündigen Individuen religiöse Lebenskonzepte zu oktroyieren, ist dem entgegenzuhalten, dass seine Nichtzulassung darauf hinauslaufen würde, dass eine gesellschaftliche Mehrheit Beschäftigte in systemrelevanten Bereichen zwingen könnte, ihrer Arbeit nicht im Einklang mit ihren religiösen Überzeugungen nachzugehen.[451] Den Betroffenen kann hierdurch irreversibler moralischer Schaden zugefügt werden, der angesichts der verfassungsrechtlichen Determinanten nicht hinnehmbar ist.[452]

III. Erwägungen *für* einen rechtlich normierten Gewissensvorbehalt
1. Hoher Stellenwert des Schutzes moralischer Integrität

In ihrer Gesamtschau lässt sich den Normen des österreichischen Bundesverfassungsrechts ein Votum für den Vorrang der individuellen Freiheit des Einzelnen und den Schutz seiner moralischen Identität und Integrität entnehmen. Als individuelle Schutzgüter sind sie

---

[446] Zum Autonomieprinzip vgl bereits Darstellungspunkt B. II. 4. a.1).
[447] Vgl OGH 19.12.1991, OGH 12 Os 139/91, veröffentlicht unter https://rdb.manz.at/document; zuletzt abgerufen am 28.04.2022.
[448] Zum paternalistischen Modell Vgl bereits Darstellungspunkt A. I. 3. b).
[449] Vgl *Guzmàn*, Imago Hominis 2008, 101 (110); unter Bezugnahme auf *Mémeteau*.
[450] Vgl *Alta Charo,* NEngl J Med 2005, 2471 (2472).
[451] Vgl *Guzmàn*, Imago Hominis 2008, 101 (111).
[452] Zu den verfassungsrechtlichen Determinanten vgl Darstellungspunkt B. II 1.

vorrangig geschützt, weilt die Zuerkennung einer größtmöglichen individuellen Freiheit, die von der individuellen Verantwortung der Gemeinschaft gegenüber nicht entbindet, im Zweifel einen der Allgemeinheit nutzenstiftenden Spielraum der Kreativität und schöpferischen Eigenverantwortung eröffnet, der eine zweifelsfreie Zuordnung von Verantwortlichkeit ermöglicht und disziplinierend wirkt. Insoweit greift eine (wohlfahrtsökonomische) Regelvermutung, dass eine klare Zuordnung von Verantwortlichkeiten anstatt einer Verantwortungsdiffusion, die aus einer unverhältnismäßigen (staatlichen) Regulierung und Fremdbestimmung resultieren kann, zu den vergleichsweise besseren medizinischen Ergebnissen führt. Der Individualität der betroffenen Person und der Spezifität des Behandlungsmandats vermag sie besser Rechnung zu tragen als eine abstrakt-generelle, individueller Kreativität und Eigenverantwortung abträgliche Regelung. So erwächst der ärztlichen Gewissensfreiheit allein wohlfahrtsökonomisch ein hoher Stellenwert, weil sie der Persönlichkeit der betroffenen Person am besten Rechnung zu tragen vermag, wohlfahrtsökonomisch die besseren Ergebnisse hervorbringt und das allgemeine Vertrauen in die ärztliche Versorgung ebenso stärkt wie die Akzeptanz des Gesundheitswesens in seiner Gesamtheit. Einem Arzt, der die Tötung eines Menschen aus der Überzeugung heraus ablehnt, dass *ausnahmslos* jeder Mensch eine unantastbare Würde kraft seines Menschseins hat, würde nach alledem ein *irreversibler* moralischer Schaden zugefügt, wenn er sich in lebenskritischen Situationen unvertretbarer Einsamkeit nicht auf sein Gewissen berufen dürfte.[453]

2. Eindämmung beruflicher Diskriminierung gläubiger Individuen

Angesichts seines Bekenntnisses zur politisch-weltanschaulichen Neutralität darf der Gesetzgeber grundsätzlich nicht danach abstufen, ob eine bestimmte konfessionelle Ausrichtung gesellschaftspolitisch wünschenswert ist.[454] Die Berufsausübung des Arztes steht hiermit nur dann im Einklang, wenn er eine Behandlung aus Gewissensgründen ablehnen darf, zumal der GV nicht darauf abzielt, die (höchstrichterliche) Judikatur, die Meinung anderer zu ändern oder sie moralisch zu missionieren.[455] Die österreichische Rechtsordnung ist neutral und identifiziert sich mit keiner bestimmten Kirche oder Religionsgemeinschaft.[456] Aus Art 14 Abs 1 iVm 2 StGG lässt sich ein allgemeingültiger Rechtsanspruch deduzieren, weder auf Grund der Entscheidung für eine bestimmte Konfession noch wegen einer bestimmten konfessionellen Handlung (Teilnahme am Abendmahl, öffentliches Gebet, Tragen des christlichen Kreuzes etc.) diskriminiert zu werden. Geschützt ist auch die Entscheidung eines Arztes, auf Grund des fünften der zehn christlichen Gebote („Du sollst nicht töten") für einen

---

[453] Vgl *Guzmàn,* Imago Hominis 2008, 101 (112).
[454] Vgl *Kieber,* NLMR 2021, 376.
[455] Vgl *Guzmàn,* Imago Hominis 2008, 101 (111).
[456] Vgl https://www.oesterreich.gv.at/themen/leben_in_oesterreich/kirchenein_austritt_und_religionen/Seite.820011.html ; zuletzt abgerufen am 28.04.2022.

konsequenten Lebensschutz des Inhalts einzutreten, nicht an schwangerschaftsunterbrechenden, sterbehelfenden oder erbgutselektiven Maßnahmen mitzuwirken (*in dubio pro vita*). Es widerspräche grundlegenden Erwägungen der Gerechtigkeit, auf einen unnachgiebigen Lebensschutz bedachte Ärzte, die sich gegen jegliche Form von Abtreibung oder Euthanasie aussprechen, von der Berufsausübung zu exkludieren, etwa indem ihnen der akademische Berufsabschluss versagt wird.[457] Letztlich käme es bei Nichtanerkennung des GV zu einer Diskriminierung gläubiger Individuen, der es allein aus Gründen des sozialen Zusammenhalts entgegenzutreten gilt, indem der GV als integraler Bestandteil einer rechtstaatlich verfassten, freiheitlichen Ordnung anerkannt und, dem medizinischen Fortschritt entsprechend, weiterentwickelt wird. Sowohl der kulturellen als auch der religiösen Integrität der Gesellschaft erwächst insoweit ein hoher Stellenwert.

3. Effektiver Schutz vor berufsspezifischer Degradierung

Angesichts seiner Verortung in der Individualzone sozialer Gerechtigkeit[458] und seines Bezuges zur Menschenwürdegarantie ist jedenfalls das *forum internum* im Zweifel keiner Abwägung zugänglich. Jene die moralische Identität und Integrität konstituierenden Elemente können aufgrund der universellen Geltung des ISR im Zweifel nicht durch eine kirchliche oder weltliche Entität vorgegeben werden, sondern nur aus dem Innersten einer Persönlichkeit heraus erwachsen, die sie im Laufe ihrer Sozialisation erworben hat. Je stärker ein Beruf angesichts seiner akademischen Grundierung durch das Element einer unvertretbaren Verantwortung und hieraus resultierende, der Spezifität des Einzelfalles geschuldete Beurteilungs- und Wertungsspielräume geprägt ist, desto stärker ist ihre berufliche mit ihrer persönlichen Sphäre verwoben. Die Entscheidung für einen bestimmten Arzt ist eine Vertrauenssache. Im Gegensatz zu den allermeisten Produkten fällt sie in aller Regel weniger aus Erwägungen der betriebswirtschaftlichen Effizienz, des günstigen Preises oder der Produktivität seiner ärztlichen Praxis. Stärker als bei anderen Gütern steht eine bestimmte Person im Mittelpunkt, mit deren persönlicher Integrität und Zuverlässigkeit der Erfolg der ärztlichen Praxis steht und fällt – im IPS-Kontext mit omnipräsenten Massenmedien und einer digitalisierungsbedingten Nivellierung von Wissenshierarchien stärker denn je. So käme es durch die Nichtanerkennung des GV „sehenden Auges" zu einer berufsspezifischen Degradierung des Arztes. Seine persönliche moralische Identität lässt sich angesichts des Elements einer unvertretbaren Verantwortung nicht von seiner beruflichen Identität trennen. Aufgrund seiner Verortung in der Individualzone sozialer Gerechtigkeit das *forum internum* einer Abwägung entzogen und kann folgerichtig weder arbeitsvertraglich noch durch berufsständische Normen beschränkt werden. Zumal es sich in der Lebenswirklichkeit

---

[457] Vgl *Guzmàn*, Imago Hominis 2008, 101 (111).
[458] Vgl *Von der Pfordten*, Rechtsethik (2011) 5.

realistisch nicht vom *forum internum* abspalten lässt, ist im ethisch durchdrungenen Beruf des Arztes auch das *forum externum* einer Abwägung allenfalls in engen Grenzen zugänglich. So liefe es auf eine berufsspezifische Degradierung des Arztes hinaus, würde er ungeachtet seines grundsätzlich freien Berufs zu einem fremdbestimmten Organ ausführenden Charakters ohne berufliche Eigenverantwortung degradiert. Die Unversehrheitsgarantie, das ISR und das unionale Ziel eines hohen Gesundheitsschutzniveaus streiten in ihrem Zusammenwirken dafür, die Verantwortlichkeit für eine ärztliche Intervention dort zu allokalisieren, wo auf Grund der besten fachlichen Expertise die höchste Wahrscheinlichkeit für das Gelingen des Eingriffs anzunehmen ist. Eine dementsprechende Allokation ist ohne den GV realistisch nicht möglich. Soweit Gegner des GV wie namentlich *Savalescu*[459] demgegenüber geltend machen, eine Leistungsverweigerung aus Gewissensgründen sei in der Praxis mitunter schwer vor einer launisch bedingten Arbeitsverweigerung abzugrenzen, ist dieses allenfalls aus einer „werteaseptischen" Haltung oder aus einer Perspektive plausibel, die als Handlungsmaxime lediglich rationalitätsgetriebene Wissenschaft oder Mehrheitsvotum zulässt.[460] Weder steht dieses mit der politisch-weltanschaulichen Neutralität des Staates im Einklang. Noch lässt es sich in das System des Minderheitenschutzes vereinbaren, wie es sich insbesondere aus Art 9 Abs 1 EMRK iVm Art 21 Abs 1 Var. 8 und 9 EGRC herleiten lässt.

4. Hoher Stellenwert kultureller und religiöser Integrität einer Gesellschaft

In Anbetracht des hohen Stellenwertes kultureller und religiöser Identität ihrer Gesellschaft, würde eine Ablehnung der Leistungsverweigerung aus Gewissensgründen selbst im IPS-Kontext einer liberalen Demokratie darauf hinauslaufen, eine Minderheit durch die Mehrheit zu unterdrücken.[461] In den selbstredend einzuhaltenden rechtsstaatlichen Grenzen wirkt der GV insoweit als ein notwendiges und zugleich flexibles Korrektiv zur Eindämmung sich aus dem Mehrheitsprinzip resultierender Spannungen und funktionaler Vollzugsdefizite des Demokratieprinzips, die durch das System der repräsentativen Demokratie bedingt sind. Vom GV gehen für ihren Erhalt essenzielle Impulse für ihre Repräsentanten aus, ihre Abwägungen und Entscheidungen zu reflektieren und verifizieren.

5. Angemessene Ausweichmöglichkeiten und Alternativangebote

Situationen erhöhter Hilfebedürftigkeit, in denen es unmittelbare Lebensgefahren abzuwenden gilt, sind nicht der typische Anwendungsfall für die Gewissensfreiheit des Arztes. Typischerweise wird in den wirklich konfliktträchtigen Situationen, in denen sich der vorskizzierte Kernkonflikt aktualisiert (Einleitung schwangerschaftsunterbrechender Maßnahmen, PID, Einstellung künstlicher Ernährung etc.), ein Minimum an Überlegungszeit

---

[459] Vgl *Savalescu*, BMJCR 2006, 294 (295).
[460] Vgl *Guzmàn*, Imago Hominis 2008, 101 (114).
[461] Vgl *Guzmàn*, Imago Hominis 2008, 101 (110); unter Bezugnahme auf *J. Hopkins*.

bestehen, ohne dass das Leben der betroffenen Person unmittelbar gefährdet ist. Innerhalb dieses zeitlichen Korridors wird typischerweise genug Zeit verbleiben, um sie an einen anderen Arzt zu überweisen oder sich über räumlich gut erreichbare alternative Anbieter zu informieren.[462] Dem gegen den GV vorgebrachte Argument der Unterminierung einer ärztlichen Mindestversorgung fehlt es insoweit an Potenzialität. Es fehlt ihm weiters an Legitimität, weil eine lückenlose Regulierung des Gesundheitswesens grundsätzlich nur angebracht ist, wenn eine Mehrheit von Regelungsadressaten hiervon profitiert.

6. Angemessener Schutz vor einer Verrechtlichung der Medizin

Eingriffe in die körperliche Integrität unterliegen dem Gesetzesvorbehalt. Sie setzen ein Parlamentsgesetz voraus, das die aufgeworfene Frage in Anbetracht des Verbots des Einzelfallgesetzes nur abstrakt-generell zu regeln vermag. Eine abstrakt-generelle Regelung basiert notwendig auf Typisierungen, Prognostizierungen und Pauschalierungen („one size fits all"). Auf Grund dessen vermag sie der Individualität der betroffenen Person sowie der Spezifität des Behandlungsmandats allein im IPS-Kontext allenfalls unzulänglich zu genügen, wenngleich ein gewisser Grad an Standardisierung essenzielle Voraussetzung des allgemeinen Grundvertrauens in die Integrität, Zuverlässigkeit und Funktionsfähigkeit der medizinischen Versorgung ist. Bei lebensnaher Betrachtung wird sich kaum jemand einem ärztlichen Eingriff unterwerfen, wenn er keine Gewissheit hat, dass die ärztliche Tätigkeit gesetzlichen Schranken unterliegt, von denen ein GV nicht zu dispensieren vermag. Von der Gewissensfreiheit geschützte Behandlungsspielräume können sich immer nur innerhalb dieser Schranken eröffnen. Worum es bei der Frage nach der Sinnhaftigkeit des GV geht, ist weniger das Ob, sondern das Maß Regulierung. Ein zu wenig an Regulierung kann das allgemeine Vertrauen in die Integrität, Zuverlässigkeit und Funktionsfähigkeit der medizinischen Versorgung unterminieren, mit der Folge von Medizintourismus und anderen Arbitrage-Effekten, welche die Deutungshoheit des Gesetzgebers auf dem Gebiet der ärztlichen Versorgung unterminieren können. Kaum jemand wird sich „unters Messer" begeben, wenn er im Ungewissen darüber ist, was ihm auf dem OP-Tisch erwartet. Doch auch ein zu viel an Regulierung kann die Integrität, Zuverlässigkeit und Funktionsfähigkeit der medizinischen Versorgung stören, etwa wenn sich ein Arzt in einer unerwarteten Situation unvertretbarer Einsamkeit wiederfindet, in der er sich nicht an gesetzlichen „Leitplanken" orientieren kann, weil er sich im Zuge seiner Anpassung an die gesetzlichen Rahmenbedingungen (unbemerkt) zu einem „Vollzugsroboter[463]" ohne eigenen moralischen Anspruch gewandelt hat. Vor diesem Hintergrund ebnet der GV dem Arzt einen individuellen Entscheidungsspielraum, der die betroffene Person gegenüber der Fremdbestimmung durch praxisdistanzierte politische

---

[462] Zum verpflichtenden Hinweis auf alternative Angebote vgl Darstellungspunkt D. III. 2. e) und 4 c).
[463] Vgl Darstellungspunkt A. I. 3. a).

Entscheider schützt. Der GV ist demnach sinnvoll, weil er die betroffene Person vor einer unverhältnismäßig verrechtlichen Medizin schützt, unter der eine Entwicklung des eigenverantwortlichen, am Patientenwohl orientierten Mediziners zum fremdgesteuerten, algorithmusgleichem Dienstleister droht, der zu empathischem Handeln nicht mehr imstande ist und der Mutation des Individuums zum Einheitsmenschen Vorschub leistet, der im freiheitlichen Gemeinwesen Österreichs ein Fremdkörper wäre.

7. Schutz vor einer Roboterisierung und Algorithmisierung der Medizin

So ist es insbesondere der wirksame Schutz der betroffenen Person gegenüber emotional distanzierten und empathiefreien medizinischen Entscheidungen, der für den GV streitet. Nur dieser schützt sie effektiv gegenüber einer (unverhältnismäßigen) Roboterisierung und Algorithmisierung der Medizin. Selbst wenn es in Anbetracht knapper medizinischer und insbesondere personeller Ressourcen immer mehr darum geht, Krankheitsbilder unter Einsatz von KI anhand von Mustern[464] zu erkennen und die Auswertung computertomographischer Befunde zu beschleunigen, braucht es ärztlicher Behandlungsspielräume, um der gesellschaftlichen Diversität Rechnung zu tragen und diversitätsbedingte Versorgungslücken möglichst erst gar nicht eintreten zu lassen.

F. GESAMTERGEBNIS, HANDLUNGSVORSCHLÄGE UND AUSBLICK

I. Gesamtergebnis

Ein zentrales Anliegen kodifizierter GV besteht darin, Ärzte und Gesundheitspersonal an Gewissenskonflikten „vorbeizuführen", die ihre moralische Identität und Integrität als Mensch betreffen. Eine Differenzierung zwischen ihrer Eigenschaft als Privatperson und Berufsausübender (*personal beliefs* vs. *professional duties*) vermag angesichts der Verwurzelung der Gewissensfreiheit innerhalb der Individualsphäre der Dreizonentheorie[465] der sozialen Gerechtigkeit – auch diese folgt dem Ansatz des normativen Individualismus[466] und differenziert zwischen der Individual, Relativ- und der sozialen Zone eines Menschen[467] – nicht zu überzeugen. Es widerspricht der Lebenswirklichkeit eines in hohem Maße ethisch[468] gebundenem Beruf, seine moralische Identität und Integrität als tragende Kernbestandteile einer eigenverantwortlichen Persönlichkeit sprichwörtlich „an der Türschwelle" abzugeben.[469] Um die berufsausübende Person an typischerweise mit der ärztlichen Profession verbundenen Gewissenskonflikten vorbeizuführen und den Nachfragern von MGD diskriminierungsfrei

---

[464] Vgl *Ganzger/Vock*, JMG 2019, 153.
[465] Vgl *Von der Pfordten*, Rechtsethik (2011) 536.
[466] Zum normativen Individualismus vgl bereits Darstellungspunkt B. II. 1. b.1).
[467] Vgl *Von der Pfordten*, Rechtsethik (2011) 539.
[468] Zu den medizinethischen Prinzipien nach *Beauchamp/Childress* vgl Darstellungspunkt B. II. 4. a).
[469] Vgl *Guzmàn*, Imago Hominis 2008, 101 (111).

zugänglich zu machen, ist es nach der hier vertretenen Rechtsansicht erforderlich, die Allokationseffizienz medizinischer Güter auf beiden Seiten des Behandlungsvertrages zu optimieren. Als Annex zu ihrer ISR in medizinischen Fragen, die sie allein auf Grund des Autonomieprinzips[470] beanspruchen können, erwächst ihnen im Zusammenhang mit ihrem Recht auf diskriminierungsfreien Zugang zu MGD iSd Art 35 S. 1 iVm Art 21 EGRC, den sicherzustellen im überwiegenden öffentlichen Interesse liegt, ein Recht auf Information, welcher Arzt eine bestimmte Behandlung aus Gewissensgründen nicht anbietet. Eine hierauf gerichtete größtmögliche Transparenz trägt *erstens* dazu bei, gewissensorientierte Ärzte von entsprechenden Nachfragen und insbesondere von einer Pflicht zur unbefangenen Aufklärung und Beratung freizuhalten, die zu erfüllen realistisch nicht von ihnen verlangt werden kann. Sie trägt *zweitens* dazu bei, die Allokationseffizienz idR knapper medizinischer Güter zu verbessern, ihre Verteilungsgerechtigkeit zu optimieren und – gerade im Kontext der COVID-19-Pandemie – (lebensbedrohlichen) Triage-Situationen[471] entgegenzuwirken. *Drittens* trägt sie dazu bei, dass Nachfrager gewissensbefangener medizinischer Leistungen im Falle eines Falles schnelle Hilfe erlangen können. Angesichts ihrer Verwurzelung in der Individualzone sozialer Gerechtigkeit können Ärzte mit Fug und Recht insistieren, dass etwaige Gewissensvorbehalte respektiert und sie rechtlich vor hiermit zusammenhängenden Diskriminierungen geschützt werden. Der GV ist nicht nur sinnvoll, sondern zählt zur Essenz eines freiheitlich verfassten Gemeinwesens. Demgegenüber sind Ärzte angesichts der Verwurzelung des GV im normativen Individualismus[472] nicht berechtigt, sich zu Verteidigern einer „besseren Moral" aufzuschwingen, zumal das *forum externum* angesichts seiner Zuordnung zur Relativzone sozialer Gerechtigkeit weniger schutzwürdig ist als das *forum internum*. Ist das *forum internum* einer Abwägung grundsätzlich unzugänglich, steht das *forum externum* einer Abwägung mit anderen Rechtsgütern von Verfassungsrang *grundsätzlich* offen gegenüber.[473] Nicht nur rechtsethisch[474] ist es dem Arzt untersagt, die betroffene Person im Sinne eines *obstruction*[475] zu missionieren. Die „ausgelebte" Gewissensfreiheit des Arztes endet, wo das ebenso nur verfassungsimmanenten Schranken unterliegende ISR der betroffenen Person beginnt. Als der Relativzone zuzuordnende Grundrechtsgewährleistung ist das *forum externum* einer Abwägung mit anderen Gütern von Verfassungsrang grundsätzlich zugänglich.[476]

---

[470] Zum Autonomieprinzip vgl bereits Darstellungspunkt B. II. 4. a.1).
[471] Zur Verteilung im Spannungsfeld von Religion und Medizin: *Heissenberger*, RdM 2022, 107.
[472] Zum normativen Individualismus vgl bereits Darstellungspunkt B. II. 1. b.1).
[473] Vgl *Von der Pfordten*, Rechtsethik (2011) 546.
[474] Zu den medizinethischen Prinzipien nach *Beauchamp/Childress* vgl Darstellungspunkt B. II. 4. a).
[475] Zur Unzulässigkeit des *obstruction* vgl bereits Darstellungspunkt D. II. 3.
[476] Vgl *Von der Pfordten*, Rechtsethik (2011) 547.

II. Handlungsvorschläge: Rechtstaatliche Implementierung des Gewissensvorbehalts

1. Gewissenskatalog

Um den GV bei gleichzeitiger Wahrung der verfassungsrechtlichen Determinanten in die rechtstaatliche Ordnung zu integrieren, ist in Anbetracht der voranstehenden Erwägungen *erstens* zu erwägen, gewissensbefangene Leistungen gesetzlich enumerativ zu kodifizieren.[477] Dabei ist zu erwägen, die Entscheidung über die Aufnahme in den „Gewissenskatalog" – einer Art Weißbuch zur Orientierung in der beruflichen Praxis – angesichts des Rechtstaatsprinzips (Art 18 Abs 1 StGG) dem Nationalrat zuzuweisen, der sich in einem Konsultations- oder ansonsten geordneten Verfahren mit der – fachlich spezialisierteren – Ethikkommission austauschen sollte.[478] Ein entsprechendes Verfahren ist allein deshalb vorzugswürdig, um die Lebensschutzpflicht nicht leerlaufen zu lassen und dem Umstand Rechnung zu tragen, dass im Rahmen der Entscheidungsfindung idR eine Vielzahl sozialer, ethischer[479], juristischer und philosophischer Fragen zu berücksichtigen sind. Gerade in einem ethisch durchdrungenen Beruf wie jenem des Arztes lassen sich zahlreiche Fragen juristisch nicht zufriedenstellend beantworten. Die Mitglieder des Nationalrats sollten in diesem Zusammenhang von jeglichem Fraktionszwang befreit sein und – ebenso wie ihre medizinischen „Kollegen" – allein ihrem Gewissen folgen dürfen. Angesichts der Innovationsgeschwindigkeit der Medizin sollte das vorgeschlagene Weißbuch in regelmäßigen, idealerweise jährlichen Abständen auf den Prüfstand gestellt und aktualisiert werden.

2. Gewissensregister

Zweitens wird vorgeschlagen, ein die praktische Konkordanz[480] der widerstreitenden Grundrechtspositionen praktisch operationalisierendes „Gewissensregister" auf Bundesebene einzurichten, aus dem den Nachfragern von MGD ohne Weiteres ersichtlich ist, welcher Arzt die jeweils nachgefragte Leistung anbietet. Die Ärzteliste iSd § 27 ÄrzteG ließe sich dementsprechend fortentwickeln. Auszugehen ist hierbei von dem Grundsatz, dass die nachgefragte Leistung im Zweifel von jedem Arzt angeboten wird. Es liegt bei dem gewissensbefangenen Arzt, eine entsprechende Registereintragung zu erwirken, der seinen Gewissenskonflikt transparent macht. Gewissensbefangene Ärzte werden durch das Register davon befreit, Nachfrager gewissensbefangener Leistungen über alternative Anbieter respektive alternative Behandlungsmethoden zu informieren oder sie dorthin zu überweisen.[481] Gegen ein entsprechendes Register ließe sich einwenden, dass Ärzte insbesondere auf Grund ihrer Gewissensfreiheit und ihres ISR rechtlich nicht dazu verpflichtet werden könnten, ihr

---

[477] Zu den verfassungsrechtlichen Determinanten vgl Darstellungspunkt B. II 1.
[478] Zur Bedeutung der Ethikkommissionen: *Kletečka-Pulker,* öarr 2000, 215; *Luf* in FS Krejci (2001), 1969.
[479] Zu den medizinethischen Prinzipien nach *Beauchamp/Childress* vgl Darstellungspunkt B. II. 4. a).
[480] Zum Kriterium der praktischen Konkordanz vgl bereits Darstellungspunkt B. I. 1.
[481] Zum verpflichtenden Hinweis auf alternative Angebote vgl Darstellungspunkt D. III. 2. e) und 4 c).

Gewissen in einem öffentlich zugänglichen Register offenzulegen. Dem ist gleichwohl entgegenzuhalten, dass Nachfrager von MGD nach der hier vertretenen Rechtsansicht nicht nur auf Grund ihres ISR, sondern der Lebensschutzpflicht und ihres Rechts auf ärztliche Versorgung i.S.d. Art 35 S. 1 EGRC ein subjektives (Teilhabe-) Recht haben, von der Anbieterseite (Ärzte, Gesundheitspersonal etc.) frühzeitig über etwaige Gewissenskonflikte informiert zu werden. Das vorgeschlagene Gewissensregister erscheint hierzu geeignet und verhältnismäßig. Zwar sind *forum internum* und *forum externum* idR untrennbar miteinander verwoben. Jedenfalls unter der Prämisse, dass die äußere Seite der Gewissensfreiheit eine besondere Ausprägung der Relativzone sozialer Gerechtigkeit ist, kann ein gewissensbefangener Arzt in Anbetracht seiner öffentlichen Aufgabe nicht für sich in Anspruch nehmen, den Gewissenskonflikt „hinter vorgehaltener Hand" zu belassen und Nachfrager von MGD „sehenden Auges" in den aufzulösenden Konflikt (Gewissensfreiheit vs. ISR) hineinlaufen zu lassen. Eine Gesamtschau von Gewissensfreiheit, ISR und unionaler Zielsetzung eines hohen Gesundheitsschutzniveaus muss vielmehr zu dem Ergebnis führen, dass letztere ein subjektives Recht darauf haben, dass Ärzte ihre Gewissenskonflikte frühzeitig offenlegen, allein um zu erreichen, dass *beide* Seiten an Gewissenskonflikten vorbeigeführt werden.[482] Seitens des Staates sind hierzu geeignete strukturell-organisatorische Vorkehrungen zu schaffen. Der VfGH begründet ihre Notwendigkeit allein deshalb mit der Lebensschutzpflicht, um sicherzustellen, dass die Entscheidung suizidwilliger Personen tatsächlich ihrem freien Willen entspricht.[483] Außer in einem jedermann öffentlich einsehbaren Gewissens- respektive Transparenzregister könnten diese in einer organisatorischen Trennung ärztlicher Beratung und Ausführung bestehen.[484] Allein medizinethisch steht die ärztlicherseits zu leistende Aufklärung nur dann mit den Anforderungen des *informed consent* und dem Verbot des *obstruction* im Einklang, wenn die Aufklärung ergebnisoffen und frei von Gewissenskonflikten erfolgt.

3. Operationale Trennung von Aufklärung und Vollzug

Die vorliegende Darstellung hat aufgezeigt, dass Gewissenskonflikte typischerweise bei Behandlungen auftreten, bei denen es um eine Entscheidung zwischen Leben und Tod geht. Allein in Anbetracht der Lebensschutzpflicht können Nachfrager entsprechender Behandlungen darauf insistieren, unbefangen aufgeklärt und beraten zu werden. *Drittens* sollte deshalb erwogen werden, kommunikative Behandlung (medizinische Anamnese, Aufklärung und Beratung) und operationale Behandlung (Unmittelbarer ärztlicher Eingriff) strukturell-organisatorisch zu trennen, allein um die Lebensschutzpflicht nicht leerlaufen zu lassen, die neben einer rein materiellen auch eine verfahrensrechtliche Bedeutung[485] entfaltet, und die

---

[482] Vgl *Lintner,* Ethica 25 (2017) 125 (133).
[483] VfGH 11.12.2020, G139/2019 (G139/2019-71), N 5.1.
[484] Vgl *Lintner,* Ethica 25 (2017) 125 (133).
[485] Vgl *Meyer-Ladewig/Huber* in Meyer-Ladewig/Nettesheim/von Raumer, EMRK (2017) Art. 2, N 16.

betroffene Person wirksam vor einer „Verquickung" des medizinischen Heilbehandlungsauftrages mit wirtschaftlich-kommerziellen Interessen zu schützen. Im IPS-Kontext hätte dine dementsprechende Trennung zudem den Vorteil, dass den praktischen Herausforderungen einer diversifizierten Gesellschaft besser entsprochen werden könnte. Dabei gilt es *einerseits* zu erwägen, die resultierenden Beratungskosten als Kassenleistung zuzulassen, um einen diskriminierungsfreien Zugang zur kommunikativen Behandlung unabhängig von der Einkommenssituation der betroffenen Person sicherzustellen. *Andererseits* ist zu erwägen, die nachfragende Person rechtlich zu verpflichten, die Durchführung von Aufklärung und Beratung in einem formalisierten Testat nachzuweisen. Unabhängig davon, wie sie sich schlussendlich entscheidet, darf die im Weißbuch aufgeführte gewissensbefangene Leistung erst im Anschluss und auf Grund der erfolgten Aufklärung und Beratung vollzogen werden.

III. Ausblick

GV sind nicht darauf ausgerichtet, Einfluss auf die öffentliche Meinungsbildung auszuüben, die in einer freiheitlichen Demokratie vornehmlich dem Parlament vorbehalten ist, in Österreich dem Nationalrat. Sie schützen die moralische Identität und Integrität des Einzelnen einer im IPS-Kontext zunehmend komplexeren, dynamischen und ausdifferenzierten Gesellschaft. Deren ihren sozialen Zusammenhalt infrage stellende Zersplitterung zeigt sich nicht zuletzt in den Ergebnissen der Wahlen zum National, der sich gleichwohl nur alle fünf Jahre konstituiert, dem Mehrheitsprinzip folgend. In diesem Umfeld bedarf es allein aus Gründen des demokratischen Minderheitenschutzes eines Korrektivs und Ausgleichsmechanismus, um strukturellen Demokratiedefiziten zu begegnen, Minderheiten vor einer unverhältnismäßigen Fremdbestimmung und einer Gesetzesbefolgung um jeden Preis zu schützen – insbesondere in einem ethisch durchdrungenem Beruf wie jenem des Arztes, dem es sowohl angesichts der Menschenwürdegarantie als auch des hippokratischen Eides geboten ist, unter größtmöglicher Ausblendung von Typisierungen und Pauschalierungen, die dem staatlichen Gesetz zu eigen sind, der Individualität der betroffen Person und der Spezifität des Behandlungsmandats Rechnung zu tragen. Selbst im Umfeld des 21. Jahrhunderts, in dem KI-Anwendungen die ärztliche Berufsausübung wesentlich erleichtern und effizienter machen, widerspräche es humanistischen Grundüberzeugungen, würde der Arzt durch mechanischen Gesetzesvollzug zu einem bloßem „Vollzugsroboter[486]" erniedrigt. Eine lückenlose Durchnormierung seines Berufes entspräche weder seiner spezialisierten Expertise, die bestmöglich zu nutzen im überwiegenden öffentlichen Interesse liegt. Noch entspräche sie dem Umstand, dass die persönliche Entscheidung für einen bestimmten Arzt Vertrauenssache ist und bleiben sollte. Um die Sicherstellung eines hohen

---

[486] Vgl Darstellungspunkt A. I. 3. a).

Gesundheitsschutzniveaus sowohl mit der Gewissensfreiheit des Arztes als auch dem ISR der betroffenen Person in Einklang zu bringen und beide Seiten möglichst an Gewissenskonflikten vorbeizuführen, könnten es KI-Anwendungen in Zukunft in absehbarer Zeit ermöglichen, die drei hier vorgeschlagenen Handlungsempfehlungen algorithmisch in einer App zu bündeln, welche die Angebots- und Nachfrageseite dementsprechend steuert. Doch unabhängig davon, welcher Ansatz für vorzugswürdig befunden wird, um den für eine liberale Demokratie essenziellen GV harmonisch in ihre rechtstaatliche Ordnung zu integrieren, gilt es *Wicclair*[487] zufolge – gerade in einem sensiblen und ethisch vielfältig durchdrungenen Bereich wie dem Gesundheitswesen –, Toleranz zu üben in Bezug auf Moral und Verschiedenartigkeit, doch Respekt zu wahren gegenüber der Selbständigkeit und moralischen Integrität des Einzelnen. Unter dieser Prämisse ist das Gesundheitswesen auch im IPS-Kontext des 21. Jahrhunderts resilient und zukunftsfähig aufgestellt. Der GV sollte deshalb beibehalten werden.

---

[487] Vgl *Wicclair*, Bioethics 2000, 205 (206).

LITERATURVERZEICHNIS

Ach/Anderheiden/Quante, Ethik der Organtransplantation, Erlangen 2000, zit.: *Ach/Anderheiden/Quante,* Ethik der Organtransplantation (2000)

Aigner, Zur Situation der Patientenrechte in Österreich – Bestandsaufnahme und Perspektiven –, RdM 2000, 77-82, zit.: *Aigner,* RdM 2000, 77

Aigner/Kletečka/Kletečka-Pulker/Memmer (Hrsg.), Handbuch Medizinrecht für die Praxis, Loseblatt-Kommentar, 32. Ergänzungslieferung, Wien 2021, zit.: *Bearbeiter* in AKKM, Medizinrecht (2021)

Alta Charo, The Celestial Fire of Conscience - Refusing to Deliver Medical Care –, New England Journal of Medicine (NEngl J Med) 352 (2005), 2471-2473, zit.: *Alta Charo,* NEngl J Med 2005, 2471

Andreas/Debong/Bruns, Handbuch Arztrecht in der Praxis, 1. Auflage, Baden-Baden 2001, zit.: *Andreas/Debong/Bruns,* Arztrecht (2001)

Augsberg/Szczerbak, Die Rechtsprechung des EGMR zu Sterbe und Suizidhilfe – Zugleich Anmerkung zu EGMR, Urteil v. 05.06.2015, Az. 46043/14 (*Lambert/Frankreich*) –, medstra 2016, S. 3-8, zit.: *Augsberg/Szczerbak,* medstra 2016, S. 3

Barth/Budde, Die Implementierung des SIEC-Tests im GWB und ihre Folgen für die nationale Fusionskontrolle - Teil I -, BB 2011, 1859-1866, zit.: *Barth/Budde,* BB 2011, 1859

Beauchamp/Childress, Principles of biomedical ethics, 7. Auflage, New York 2013, zit.: *Beauchamp/Childress,* Biomedical ethics (2013)

Beckmann, Fragen und Probleme einer medizinischen Ethik, Berlin/ New York 1996, zit.: *Beckmann,* Ethik (1996)

Bender, Zur Bewertung der Präimplantationsdiagnostik in Deutschland, Politische Studien Sonderheft 1/2002 – Ethik und Biomedizin: Der Umgang mit menschlichen Embryonen -, 20-22, zit.: *Bender,* Politische Studien Sonderheft 1/2002, 20

Berka/Binder/Kneihs, Die Grundrechte – Grund- und Menschenrechte in Österreich –, 2. Auflage, Wien 2019, zit.: *Berka/Binder/Kneihs*, Grundrechte (2019)

Bernat, Grenzen der ärztlichen Behandlungspflicht bei einwilligungsunfähigen Patienten, JBl 2009, 129-140, zit.: *Bernat*, JBl 2009, 129

Besser/Cantz/Herrmann, Stammzellentypen, Berlin 2017, veröffentlicht unter https://stammzellen-verstehen.de/Grundlagen/Stammzelltypen.aspx; zuletzt abgerufen am 28.04.2022, zit.: *Besser/Cantz/Herrmann*, Stammzellentypen (2017).

Birklbauer, Die gesetzliche Verankerung der „indirekten Sterbehilfe" – Ein Schritt in die richtige Richtung –, JMG 2018, 200, zit.: *Birklbauer*, JMG 2018, 200

Birklbauer, Die Kriminalisierung des assistierten Suizids (§ 78 StGB) – Eine (un-) notwendige Strafbestimmung zum Schutz des Lebens? RdM 2016, 84-88, zit.: *Birklbauer*, RdM 2016, 84

Bobbert/Knapp, Tiefe kontinuierliche Sedierung als „Verdeckte Euthanasie"? Praxisbezogene ethische und medizinische Unterscheidungen für die Palliativversorgung, Ethica 25 (2017), 307-328, zugleich veröffentlicht unter https://www.imagomundi.biz/wp-content/uploads/2018/07/Becher_Bobbert_Sedierung.pdf; zuletzt abgerufen am 28.04.2022, zit.: *Bobbert/Knapp*, Ethica 25 (2017), 307

Bonelli/Prat/Kummer, Stellungnahme zum Entwurf des österreichischen „Sterbeverfügungsgesetzes" (StVfG), Imago Hominis 2021, 187-195, veröffentlicht unter https://www.imabe.org/fileadmin/imago_hominis/pdf/IH028_196-199.pdf, zit.: *Bonelli/Prat/Kummer*, Imago Hominis 2021, 196

Bormann/Wetzstein (Hrsg.), Gewissen – Dimensionen eines Grundbegriffs medizinischer Ethik –, Berlin 2014, zit.: *Bearbeiter* in Bormann/Wetzstein, Gewissen (2014)

Brandstetter, Die Begrenzung medizinischer Behandlungspflicht durch das Selbstbestimmungsrecht des Patienten, in Mazal (Hrsg.), Grenzfragen der ärztlichen Behandlung, 1. Aufl. 1998, zit.: *Brandstetter* in Mazal, Grenzfragen (1998)

Burda, Das neue Sterbeverfügungsgesetz, RdM 2022, 88-93, zit.: *Burda*, RdM 2022, 88

Callies/Ruffert, EUV/AEUV – Das Verfassungsrecht der Europäischen Union mit Europäischen Grundrechtecharta –, 6. Auflage, München 2022, zitiert: *Bearbeiter* in Callies/Ruffert, EUV/AEUV (2022)

Cherry, Conscience Clauses, the refusal to treat and civil disobedience – Practicing medicine as a Christian in a hostile secular moral space –, Christian Bioethics Vol. 18 (2012), 1-14, veröffentlicht unter https://www.researchgate.net/publication/273033407_Conscience_Clauses_the_Refusal_to_ Treat_and_Civil_Disobedience-- Practicing_Medicine_as_a_Christian_in_a_Hostile_Secular_Moral_Space; zuletzt abgerufen am 24.03.2022, zit.: *Cherry,* Christian Bioethics 2012, 1

Cullen, Suizidbeihilfe – Der Arzt als Tötungshelfer? Ethica 24 (2016), 217-231, zugleich veröffentlicht unter https://www.imagomundi.biz/wp-content/uploads/2018/07/Cullen_Suizidbeihilfe.pdf; zuletzt abgerufen am 28.04.2022, zit.: *Cullen,* Ethica 24 (2016), 217

Damm, Interprofessionelles Beratungsrecht - Normative Grundstrukturen von Patientenaufklärung, Klienteninformation und Schwangerenberatung -, veröffentlicht unter www.juris.de, zuletzt abgerufen am 23.03.2022, zit.: *Damm,* Interprofessionelles Beratungsrecht.

Decker, Der Abbruch intensivmedizinischer Behandlungen in den Ländern Österreich und Deutschland, Frankfurt am Main 2012, zit.: *Decker,* Behandlungen (2012)

Debong, Delegation und Vertretung bei der Erbringung ärztlicher Leistungen, ÄrzteR 2022, 33-38, zit.: *Debong,* ÄrzteR 2022, 33

Debong, Neue Gerichtsentscheidungen zur Aufklärung und Einwilligung, ÄrzteR 2022, 5-9, zit.: *Debong,* ÄrzteR 2022, 5

Deinhammer, Das Verhältnis von Moral und Religion, Ethica 25 (2017), 195-208, zugleich veröffentlicht unter https://www.imagomundi.biz/wp-content/uploads/2018/07/Deinhammer_Moral_Religion.pdf; zuletzt abgerufen am 28.04.2022, zit.: *Deinhammer,* Ethica 25 (2017), 195

Deutsch, Erwin: Der Medizintourismus: Die rechtliche Seite - Zivilrechtliche, versicherungsrechtliche und zivilprozessuale Probleme des Anspruchs aus ärztlichen Leistungen im Ausland -, VersR 2009, 1-7, zit.: *Deutsch,* VersR 2009, 1

Deutsch/Spickhoff, Medizinrecht, 7. Auflage, Heidelberg 2014, zit.: *Deutsch/Spickhoff,* Medizinrecht (2014)

Dirksen, Arzt, Patient und Gewissen – Handlungspflicht oder Ablehnungsfreiheit? –, in Gerson Kern (Hrsg.), Arzt und Gewissen, Wien 2010, S. 47-65, zit.: *Dirksen,* Patient und Gewissen (2010)

Dörner, Der gute Arzt - Lehrbuch der ärztlichen Grundhaltung -, Schriftenreihe der Akademie für Integrierte Medizin, Stuttgart 2000, zit.: *Dörner,* Der gute Arzt (2000)

Druml, Ethische Bewertung von Entscheidungen am Lebensende von Intensivpatienten – Perspektive der heutigen Intensivmedizin –, Intensivmed 2010, 25-29, zit.: *Druml,* Intensivmed 2010, 25

Dullinger, Mitwirkungspflichten des Patienten im Rahmen der ärztlichen Behandlung, Sonderheft Gmundner Medizinrechtskongress 2012, RdM 2012, 222-227, zit.: *Dullinger,* RdM 2012, 222

Duttge/Steuer, Menschenwürde und Selbstbestimmung in der medizinischen Versorgung am Lebensende – Ein deutsch-japanisch-schweizerisches Symposium -, MedR 2020, 838-840, zit.: *Duttge/Steuer,* MedR 2020, 838

Engelhardt, Christian bioethics in a post-Christian world – Facing the challenges – Christian Bioethics Vol. 18 (2012), 93-114, veröffentlicht unter https://academic.oup.com/cb/article-abstract/18/1/93/401212?redirectedFrom=fulltext; zuletzt abgerufen am 24.03.2022, zit.: *Engelhardt,* Christian Bioethics 2012, 93

Enko, Ethische und rechtliche Pflichten des medizinischen Sachverständigen, SPWR 2018, 59-63, zit.: *Enko,* SPWR 2018, 59

Falker, Rückschaufehler im Strafrecht – Die Business Judgment Rule –, ZWF 2021, 274-279, zit.: *Falker,* ZWF 2021, 274

Frenz, Handbuch Europarecht, Band 1 – Europäische Grundfreiheiten -, 2. Auflage, Heidelberg 2012, zit.: *Frenz*, Handbuch Europarecht (2012)

Frewer/Eickhoff, „Euthanasie" und die aktuelle Sterbehilfe-Debatte - Die historischen Hintergründe medizinischer Ethik -, Frankfurt am Main 2000, zit.: *Frewer/Eickhoff*, Ethik (2000)

Frischengruber, Medizinische Fortpflanzungshilfe in Österreich, FamRZ 1999, 115-117, zit.: *Frischengruber*, FamRZ 1992, 374

Ganzger/Vock, Artificial Intelligence in der ärztlichen Entscheidungsfindung, JMG 2019, 153-158, zit.: *Ganzger/Vock*, JMG 2019, 153

Generalkommission für Bioethik: Gewissensverweigerung, veröffentlicht unter https://www.ohsjd.org/Resource/OBIEZIONELeone-Iannone_ted.pdf; zuletzt abgerufen am 23.03.2022, zit.: *Generalkommission für Bioethik*, Gewissensverweigerung (2011)

Grabenwarter/Frank, B-VG – Bundes-Verfassungsgesetz und Grundrechte, Wien 2020, zit.: *Bearbeiter* in Grabenwarter/Frank, B-VG (2020)

Guzmàn, Gewissensvorbehalt im Gesundheitswesen und die europäischen Gesetzgebungen, Imago Hominis 2008, 101-119, veröffentlicht unter https://www.imabe.org/imagohominis/imago-hominis-2/2008-ethik-des-apothekers/gewissensvorbehalt-im-gesundheitswesen-und-die-europaeischen-gesetzgebungen, zit.: *Guzmàn*, Imago Hominis 2008, 101

Harris, John: Der Wert des Lebens - Eine Einführung in die medizinische Ethik -, Berlin 1995, zit.: *Harris*, Wert des Lebens (1995)

Heckmann/Paschke, jurisPK-Internetrecht, 7. Auflage, 2021 (Stand: 06.07.2021), zit.: *Bearbeiter* in Heckmann/Paschke, jurisPK-Internetrecht (2021)

Heimerl, Ethische Herausforderungen für die Sorgenden von Demenzerkrankten, Imago Hominis 2015, 267-277, zit.: *Heimerl*, Imago Hominis 2015, 267

Heissenberger, Ablehnung von Fremdblut und Organtransplantation – Verteilung im Spannungsfeld von Religion und Medizin –, RdM 2022, 107-110, zit.: *Heissenberger*, RdM 2022, 107

Herden, Geniale Scherenschleiferinnen, DIE WELT v. 08.10.2020, 20, zit.: *Herden*, DIE WELT v. 08.10.2020, 20.

Heissenberger, Ablehnung von Fremdblut und Organtransplantation, RdM 2022, 107-110, zit.: *Heissenberger*, RdM 2022, 107

Hildt, Autonomie in der biomedizinischen Ethik, Frankfurt am Main 2006, zit.: *Hildt*, Autonomie (1996)

Hilgendorf/Joerden (Hrsg.), Handbuch Rechtsphilosophie, Stuttgart 2017, zit.: *Bearbeiter* in Hilgendorf/Joerden, Rechtsphilosophie (2017)

Höfling, Sterbehilfe in Aufruhr – Eine Nachbetrachtung zum Grundsatzurteil des BVerfG zu § 217 StGB, GesR 2021, 351-356, zit.: *Höfling*, GesR 2021, 351

Höpfel/Ratz (Hrsg), Wiener Kommentar zum Strafgesetzbuch, 2. Auflage, 162. Lieferung, Wien (2016), zit.: *Bearbeiter* in Höpfel/Ratz, WK/StGB (2016)

Hofmann, Der Gewissensvorbehalt von Akteuren im Gesundheitswesen – Chancen und Grenzen eines Konzepts medizinischer Ethik –, ZfME 2021, 493-508, veröffentlicht unter https://www.researchgate.net/publication/356564109_Der_Gewissensvorbehalt_von_Akteuren_im_Gesundheitswesen_Chancen_und_Grenzen_eines_Konzepts_medizinischer_Ethik; zuletzt abgerufen am 28.04.2022, zitiert: *Hofmann*, ZfME 2021, 493

Hofmann, Die Bedeutung des Autonomie-Gedankens für die ethische Beurteilung der Frage der Suizidbeihilfe, Imago Hominis 2021, 187-195, veröffentlicht unter https://www.imabe.org/fileadmin/imago_hominis/pdf/IH028_187-195.pdf, zit.: *Hofmann*, Imago Hominis 2021, 187

Holzgruber/Felke-Mangi/Kreidl, Notfall vor dem Spital, RdM 2019, 179-182, zit.: *Holzgruber/Felke-Mangi/Kreidl*, RdM 2019, 179

Hornung/Sixt, Die rechtlichen Herausforderungen der technischen Erhaltung und Optimierung körperlicher Funktionen, CR 2021, 828-838, zit.: *Hornung/Sixt,* CR 2021, 828

Huber, Sterbehilfe in Deutschland und Österreich – Zum Urteil des Bundesverfassungsgerichts –, JMG 2020, 67-71, zit.: *Huber,* JMG 2020, 67

Huber/Dietrich, Arzneimittelabgabe durch Apothekenautomaten, RdM 2022, 99-107, zit.: *Huber/Dietrich,* RdM 2022, 99

Jarass, Charta der Grundrechte der Europäischen Union, 4. Auflage, München 2021, zit.: *Bearbeiter* in Jarass, GRCh (2021)

Jox, Aktuelle Herausforderungen der Ethik am Lebensende, Ethik Med 2018, 1-5, zit.: *Jox,* Ethik Med 2018, 1

Juen, Arzthaftungsrecht – Die zivilrechtliche Haftung des Arztes für den Behandlungsfehler – Der Arzthaftungsprozess in Österreich –, 2,. Aufl. 2005, zit.: *Juen,* Arzthaftungsprozess (2005)

Kahneman/Tversky, Judgment under uncertainty – Heuristics and biases – Cambridge 1982, zit.: *Kahneman/Tversky,* Judgment under uncertainty (1982)

Kalb, Das Grundrecht auf Gewissensfreiheit – Konturierung und Chancen -, in Haering/Hirnsperger/Katzinger/Rees (Hrsg), In mandatis meditari, in FS Paarhammer (2012) 867, zit.: *Kalb* in FS Paarhammer (2012), 867

Kalb/Potz/Schinkele, Religionsrecht, Wien 2003, zit.: *Kalb/Potz/Schinkele,* Religionsrecht (2003)

Kaczor, Scientious Objection and Health Care – A Reply to *Bernhard Duckens* –, Christian Bioethics Vol. 18 (2012), 59-71, zit.: *Kaczor,* Christian Bioethics 2012, 59

Kämmerer/Jischkowski, Grundrechtsschutz in der Pandemie – Der „Corona-Lockdown" im Visier der Verfassungs- und Verwaltungsgerichtsbarkeit, GesR 2020, 341-353, zit.: *Kämmerer/Jischkowski,* GesR 2020, 341

Katz, Experimentation with Human Beings - The authority of the investigator, subject professions and state in the human experimentation process -, Pennsylvania (USA) 1972, zit.: *Katz,* Experimentation (1972)

Kern, Die limitierte Einwilligung in die ärztliche Heilbehandlung bei Minderjährigen aus strafrechtlicher Sicht, JAP 2000/2001, 14-18, zit.: *Kern,* JAP 2000/2001, 14

Keßler, Intelligente Roboter – Neue Technologien im Einsatz –, MMR 2017, 589-594, Zit.: *Keßler,* MMR 2017, 589

Kieber, Kopftuchverbot am Arbeitsplatz – Anmerkung zu EuGH 15.07.2021, C-804/18 –, NLMR 2021, 376-379, zit.: *Kieber,* NLMR 2021, 376

Kissel, Gerichtsinterne Demokratie, DRiZ 1995, 125-133, zit.: *Kissel,* DRiZ 1995, 125

Kaufmann, Die österreichischen Patientenverfügung, hrsg. von der Akademie der Ärzte, Wien 2011, veröffentlicht unter https://www.arztakademie.at/fileadmin/template/main/Geriatrie/Publikationen10-11/Kaufmann_AA.pdf; zuletzt abgerufen am 28.04.2022, zit.: *Kaufmann,* Patientenverfügung (2011)

Kletečka-Pulker, Seelsorger und Ethiker in Ethikkommissionen, öarr 2000, 215-217, zit.: *Kletečka-Pulker,* öarr 2000, 215

Klatečka-Pulker/Leitner, Der Vorsorgedialog (VSD) – Beachtliche Patientenverfügung oder aktuelle Behandlungsablehnung –, RdM 2017, 264-268, zit.: *Klatečka-Pulker/Leitner,* RdM 2017, 264

Klodt, Informationsgesellschaft, in Gablers Wirtschaftslexikon; veröffentlicht unter https://wirtschaftslexikon.gabler.de/definition/informationsgesellschaft-41752; zuletzt abgerufen am 23.03.2022, zit.: *Klodt,* Informationsgesellschaft.

Köberl/Sitner, Der mutmaßliche Wille – Ein überholtes Konzept? RdM 2019, 108-112, zit.: *Köberl/Sitner,* RdM 2019, 108

Kopetzki, Einleitung und Abbruch der medizinischen Behandlung beim einwilligungsunfähigen Patienten, iFamZ 2007, 197-201, zit.: *Kopetzki,* iFamZ 2007, 197

Klinkhammer, Präzisere Vorschriften, Deutsches Ärzteblatt v. 28.01.2005, A 176-A177, veröffentlicht unter https://www.aerzteblatt.de/pdf.asp?id=45189; zuletzt abgerufen am 23.03.2022; zit.: *Klinkhammer*, Deutsches Ärzteblatt v. 28.01.2005, A 176

Kröll/Schaupp (Hrsg), System – Verantwortung – Gewissen in der Medizin, 1. Auflage 2012, zit.: *Bearbeiter* in Kröll/Schaupp, Gewissen (2012)

Krones/Richter, Ärztliche Verantwortung – Das Arzt-Patient-Verhältnis –, Bundesgesundheitsblatt 2008, 818-826, zugleich veröffentlicht unter http://www2.medizin.uni-greifswald.de/geschichte/fileadmin/user_upload/lehre/ws_2011_2012/GTE/GTE_Inhalte/Aerztliche_Verantwortung_das_Arzt_Patient_Verhaeltnis.pdf; zuletzt abgerufen am 23.03.2022, zit.: *Krones/Richter*, Bundesgesundheitsblatt 2008, 818

Küper, Strafbarkeit von nichtärztlichen Hilfspersonen, JuS 1981, 785-792, zit.: *Küper*, JuS 1981, 785

Kummer, Aktuelle Fragen zur Gewissensfreiheit im Gesundheitsbereich, Imago Hominis 2016, Heft 23, 79-81, zugleich veröffentlicht unter https://www.researchgate.net/publication/311901954_Aktuelle_Fragen_zur_Gewissensfreiheit_im_Gesundheitsbereich_Current_Questions_about_Freedom_of_Conscience_within_the_Health_Sector, zuletzt abgerufen am 23.03.2022, zit.: *Kummer*, Gewissensfreiheit im Gesundheitsbereich (2016)

Lanzerath, Krankheit und ärztliches Handeln - Zur Funktion des Krankheitsbegriffs in der medizinischen Ethik -, Freiburg 2000, zit.: *Lanzerath*, Ärztliches Handeln (2000)

Laufs/Kern (Hrsg.), Handbuch des Arztrechts, 5. Auflage, München 2019, zit.: *Bearbeiter* in Laufs/Kern, Handbuch des Arztrechts (2019)

Laimer, Die Gewährleistung beim humanmedizinischen Behandlungsvertrag, RdM 2021, 98-103, zit.: *Laimer*, RdM 2021, 98

Lindemann, Erfolgreiche Verfassungsbeschwerde eines Strafgefangenen betreffend den Zugang zu den für eine Selbsttötung benötigten Medikamenten – Anmerkung zu BVerfG, Beschluss v. 03.11.2021, Az. 2 BvR 828/21 –, medstra 2022, 106-108, zit.: *Lindemann*, medstra 2022, 106

Lindner/Schlögl-Flierl, Das Patientenrechtegesetz und die biomedizinische Forschung - wird die Forschung etwa stiefmütterlich behandelt? GesR 2020, 83-88, zit.: *Lindner/Schlögl-Flierl,* GesR 2020, 8

Lintner, Gewissensproblematik im Verhältnis zwischen Arzt, Patient und Apotheker, Ethica 25 (2017), 125-144, zugleich veröffentlicht unter https://www.imagomundi.biz/wp-content/uploads/2018/07/Lintner_Gewissensproblematik.pdf; zuletzt abgerufen am 28.04.2022, zit.: *Lintner,* Ethica 25 (2017), 125

Luf, Zur Ethik der Ethikkommissionen – Tätigkeit und Rechtsgrundlagen der Ethikkommissionen in Österreich –, in Bernat/Böhler/Weilinger (Hrsg), in FS Krejci, S. 1969-1974, Wien 2001, zit.: *Luf, in* FS Krejci (2001), 1969

Luhmann, Die Gewissensfreiheit und das Gewissen, Archiv des Öffentlichen Rechts (AÖR) 1965, 257-286, zit.: *Luhmann,* AÖR 1965, 257

Lustig, Conscience, Professionalism and Pluralism, Christian bioethics 2012, 72-92, zugänglich über https://ixtheo.de/Record/1780299982; zuletzt abgerufen am 28.04.2022, zitiert: *Lustig,* Christian Bioethics 2012, 72

Maio, Mittelpunkt Mensch - Lehrbuch der Ethik in der Medizin: Eine praxisbezogene Einführung -, Stuttgart 2017, zit.: *Bearbeiter* in Maio, Ethik (2017)

Mangold/Mascherbauer/Peintinger/Kopetzki, Behandlungsablehnung trotz vitaler Indikation, RdM 2010, 4-9, zit.: *Mangold/Mascherbauer/Peintinger/Kopetzki,* 2010, 4

Marckmann, Was ist eigentlich prinzipienorientierte Medizinethik? ÄBW 12/2000, veröffentlicht unter https://www.egt.med.uni-muenchen.de/personen/leitung/marckmann/materialien/publikationen/prinzipienethik-2013.pdf; zuletzt abgerufen am 23.03.2022, ÄBW 12/2000, zit.: *Marckmann,* ÄBW 12/2000

Meyer-Ladewig/Nettesheim/von Raumer (Hrsg): EMRK - Konvention zum Schutz der Menschenrechte und Grundfreiheiten -, Handkommentar, 4. Auflage, Baden-Baden (2017), zit.: *Bearbeiter* in Meyer-Ladewig/Nettesheim/von Raumer, EMRK (2017)

Memmer, Wann endet die Behandlungspflicht des Arztes? Imago Hominis 2002, 51-59, zit.: *Memmer,* Imago Hominis 2002, 51

Memmer, Wann endet die Behandlungspflicht des Arztes? Imago Hominis 2002, 51-59, veröffentlicht unter https://www.imabe.org/imagohominis/imago-hominis-1/2002-ethische-herausforderungen-in-der-neonatalogie/wann-endet-die-behandlungspflicht-des-arztes, zit.: *Memmer,* Imago Hominis 2002, 51

Merli, Die allgemeine Handlungsfreiheit, Graz 1994, veröffentlicht unter https://staatsrecht.univie.ac.at/fileadmin/user_upload/i_staatsrecht/Merli/Dokumente/Publikationen/29_Merli_Handlungsfreiheit.pdf; zuletzt abgerufen am 28.04.2022, zit.: *Merli,* Handlungsfreiheit (1994)

Merten/Papier, Handbuch der Grundrechte in Deutschland und Europa, Band IV: Grundrechte in Deutschland, Einzelgrundrechte I –, Heidelberg 2011, zit.: *Bearbeiter* in Merten/Papier, Grundrechte IV (2011)

Meslin, Protecting Human Subjects from Harm in Medical Research - A Proposal for Improving Risk Judgments by Institutional Review Boards -, Georgetown University 1989, zit.: *Meslin,* Protecting Human Subjects (1989)

Meyer/Hölscheidt, Charta der Grundrechte der Europäischen Union, 5. Auflage, Baden-Baden 2019, zit.: *Bearbeiter* in Meyer, Charta (2019)

Mayer-Maly, Rechtsphilosophie, Wien 2001, zit.: *Mayer-Maly,* Rechtsphilosophie (2001)

Nationaler Ethikrat, Genetische Diagnostik vor und während der Schwangerschaft, Stellungnahme, Berlin 2003, veröffentlicht unter https://www.ethikrat.org/fileadmin/Publikationen/Stellungnahmen/Archiv/Stellungnahme_Genetische-Diagnostik.pdf; zuletzt abgerufen am 28.04.2022, zit.: *Nationaler Ethikrat,* Diagnostik (2003)

Nationaler Ethikrat, Patientenverfügung – Ein Instrument der Selbstbestimmung –, Stellungnahme, veröffentlicht unter https://www.dgpalliativmedizin.de/images/stories/pdf/sn/50602%20SN%20Patientenverfuegung.pdf; zuletzt abgerufen am 28.04.2022, zit.: Nationaler Ethikrat, Patientenverfügung

N.N., Auszeichnung in Chemie für zwei Frauen - Nobelpreis für den „Genschere" CRISPR/Cas9 -, Deutsche Apotheker Zeitung v. 07.10.2020, veröffentlicht unter https://www.deutsche-apotheker-zeitung.de/news/artikel/2020/10/07/nobelpreis-fuer-die-genschere-nbsp; zuletzt abgerufen am 23.03.2022, zit.: *N.N.,* Auszeichnung in Chemie (2020).

N.N., Myotone Dystrophie Typ 1 - Spielraum für Präimplantationsdiagnostik erweitert -, Deutsches Ärzteblatt v. 13.11.2020, A 2210, veröffentlicht unter https://www.aerzteblatt.de/archiv/216713/Myotone-Dystrophie-Typ-1-Spielraum-fuer-Praeimplantationsdiagnostik-erweitert; zuletzt abgerufen am 23.03.2022; zit.: *N.N.,* Deutsches Ärzteblatt v. 13.11.2020, A 2210.

Neumayer, Das neue Patientenverfügungsgesetz – Schadensersatzrechtliche Folgen –, in Körtner/Kopetzki/Kletečka-Pulker (Hrsg), Das österreichische Patientenverfügungsgesetz – Ethische und rechtliche Aspekte –, 1. Aufl., Wien 2007, zit.: *Neumayer,* Patientenverfügungsgesetz (2007)

Neumayr, Zur Rolle der Gerichte bei der Entwicklung des Medizinrechts – Eine Bestandsaufnahme aus Anlass von 20 Jahren „Recht der Medizin" (1994-2014), RdM 2014, 51-55, zit.: *Neumayr,* 2014, 51

Osterloh, Kommerzialisierung – Entmenschlichung der Medizin –, Deutsches Ärzteblatt v. 11.02.2022, veröffentlicht unter https://www.aerzteblatt.de/archiv/223182/Kommerzialisierung-Entmenschlichung-der-Medizin; zuletzt abgerufen am 23.03.2022, zit.: *Osterloh,* Deutsches Ärzteblatt v. 11.02.2022.

Pabel, Recht auf Abtreibung – Reproduktive Rechte der Frau? Europäische Perspektiven in Büchner/Kaminski/Löhr (Hrsg), Abreibung – Ein neues Menschenrecht? Schnellbach (2014), zit.: *Pabel* in: Büchner/Kaminski/Löhr, Abreibung (2014)

Pelligrino, The Physicians Conscience, conscience clauses and religious belief – A Catholics Perspective –, FUL 2002, 221-244, veröffentlicht unter https://ir.lawnet.fordham.edu/ulj/vol30/iss1/13/; zuletzt abgerufen am 28.04.2022, zit.: *Pelligrino,* FUL 2002, 221

Perner/Spitzer/Kodek, Bürgerliches Recht, 6. Auflage, Wien 2019, zit.: *Perner/Spitzer/Kodek,* Bürgerliches Recht (2019)

Pepelnik, Zivilrechtliche und ethische Aspekte intensivmedizinischer Entscheidungen am Lebensende, Innsbruck 2020, veröffentlicht unter https://diglib.uibk.ac.at/ulbtirolhs/download/pdf/5361517?originalFilename=true; zuletzt abgerufen am 23.03.2022, zit.: *Pepelnik,* Ethische Aspekte (2020)

Pflanz, Ethische Grenzen der biomedizinischen Forschung, Deutsches Ärzteblatt v. 07.04.1988, A-926 – A-928, veröffentlicht unter https://www.aerzteblatt.de/pdf.asp?id=111230; zuletzt abgerufen am 23.03.2022; zit.: *Pflanz,* Deutsches Ärzteblatt v. 07.04.1988, A-926

Pirich/Wehringer, Leitlinien, Richtlinien, Checklisten – Hilfe oder Verirrung? DAG 2018, 7-11, zit.: *Pirich/Wehringer,* DAG 2018, 7

Ploier, Arzt und Recht – Telemedizin –, JUU 2015, 19-21, zugleich veröffentlicht unter https://www.kup.at/kup/pdf/13002.pdf; zuletzt abgerufen am 23.03.2022, zit.: *Ploier,* JUU 2015, 19

Pollak/Amara (Hrsg), Neue Grenzverläufe im Strafrecht – Am Beispiel von Sterbehilfe und Terrorabwehr –, Wien 2020, zitiert: *Bearbeiter* in Pollak/Amara, Grenzverläufe (2020)

Prat, Der Gewissensvorbehalt des Apothekers aus sozialethischer Sicht, Imago Hominis 2008, 155-167, zit.: *Prat,* Imago Hominis 2008, 155

Prat, Kardinaltugenden und Kultivierung des Gewissens, Imago Hominis 2001, 265-272, veröffentlicht unter https://www.imabe.org/imagohominis/imago-hominis-4/2001-kardinaltugenden-und-aerztliche-praxis/kardinaltugenden-und-kultivierung-des-gewissens, zit.: *Prat,* Imago Hominis 2001, 265

Psychrembel, Klinisches Wörterbuch, 268. Auflage, Berlin 2020, zit.: *Psychrembel,* Wörterbuch (2020)

Quaas/Zuck/Clemens/Gokel, Medizinrecht – Öffentliches Medizinrecht, Pflegeversicherungsrecht, Arzthaftpflichtrecht, Arztstrafrecht -, München 2018, zit.: *Quaas/Zuck/Clemens/Gokel,* Medizinrecht (2018)

Ragaller, Entscheidungen am Lebensende in der Notfall- und Intensivmedizin, Zeitschrift für Palliativmedizin 2010, 265-272, veröffentlicht unter https://www.thieme-connect.de/products/ejournals/abstract/10.1055/a-1166-0724, zit.: *Ragaller,* Imago Hominis 2001, 265

Ratzel, Das Gesetz zur Modernisierung des Personengesellschaftsrechts (MoPeG) und dessen Auswirkungen auf ärztliche Kooperationen – Eine erste Einschätzung aus medizinischer Sicht –, GesR 2022, 137-140, zit.: *Ratzel,* GesR 2022, 137

Rebhahn, Wann dürfen Vertragsärzte die Behandlung von Versicherten ablehnen? RdM 2013, 236-241, zit.: *Rebhahn,* RdM 2013, 236

Reich, The care-based ethic of Nazi Medicine and the moral importance of what we care about, American Journal of Bioethics (AJB) 2001, 64-74, zit.: *Reich,* AJB 2001, 64

Reif, Anmerkung zu BGH, Urteil v. 12.10.2021, VI ZR 488/19 (*Ungleiche Darstellung auf Ärztebewertungsportal*), NJW 2022, 1107-1108, zit.: *Reif,* NJW 2022, 1107

Resch/Wallner (Hrsg), Medizinrecht, Praxiskommentar, Band 3, Wien 2020, zit.: *Bearbeiter* in Resch/Wallner, Medizinrecht (2020)

Resch/Wallner (Hrsg), Handbuch Medizinrecht, Wien 2020, zit.: *Bearbeiter* in Resch/Wallner, Medizinrecht (2020)

Rüegger, Sinnfindung im hohen Alter – Gerontologisch-ethische Erwägungen, Ethica 25 (2017), 329-353, zugleich veröffentlicht unter https://www.imagomundi.biz/wp-content/uploads/2018/07/Rüegger_SinnfindungAlter.pdf; zuletzt abgerufen am 28.04.2022, zit.: *Rüegger,* Ethica 25 (2017), 329

Savulescu, Conscientious Objection in Medicine, BMJCR Vol. 332 (2006), 294-297, zit.: *Savulescu,* BMJCR 2006, 294

Savulescu, When conscientious objection becomes Moral Imperialism, Blog-Beitrag v. 12.03.2010, veröffentlicht unter https://juliansavulescu.typepad.com/blog/2010/03/conscientious-objection.html; zuletzt abgerufen am 24.03.2022, zit.: *Savulescu,* Moral Imperialism (2010).

Spatzenberger, Cooperatio ad malum? Abgabe der „Pille danach" durch Apotheker, Imago Hominis 2008, 131-145, zit.: *Spatzenberger,* Imago Hominis 2008, 131

Schauer, Zum Umfang des Kontrahierungszwangs des Apothekers, Imago Hominis 2008, 147-153, zit.: *Schauer,* Imago Hominis 2008, 153

Schima, Nachtrag zum „Neuen Recht 2006" – Die legistische Behandlung von Patientenverfügung und Vorsorgevollmacht und einige Überlegungen aus religionsrechtlicher Perspektive, öarr 2008, 494-499, zit.: *Schima*, öarr 2008, 494

Schinkele, Gewissensgebot und Normativität des positiven Rechts, Wien 2003, zit.: *Schinkele*, Gewissensgebot (2003)

Schlögel/Merkl, Menschenwürde und Menschenrechte – Naturrechtlicher Rückbezug und Konkretion –, Ethica 24 (2016), 233-251, zugleich veröffentlicht unter https://www.imagomundi.biz/wp-content/uploads/2018/07/Schloegel_Merkl_Naturrecht.pdf; zuletzt abgerufen am 28.04.2022, zit.: *Schlögel/Merkl*, Ethica 24 (2016), 233

Schmidt, „In dubio pro Vita" als oberstes Gebot – Passive Sterbehilfe ist in Österreich erlaubt, aber nicht klar geregelt. Im Zweifel muss der Arzt weiterbehandeln –, Wiener Zeitung (WZ) v. 07.02.2014, veröffentlicht unter https://www.wienerzeitung.at/dossiers/sterbehilfe/42144-In-dubio-pro-vita-als-oberstes-Gebot.html; zuletzt abgerufen am 23.03.2022, zit.: *Schmidt*, WZ v. 07.02.2014.

Schmidt-Bleibtreu/Klein, Kommentar zum Grundgesetz, 14. Auflage, Neuwied/Kriftel 2018, zit.: *Bearbeiter* in Schmidt-Bleibtreu/Klein, GG (2018)

Schockenhoff, Wie gewiss ist das Gewissen? Eine ethische Orientierung, Freiburg 2003, zit.: *Schockenhoff*, Gewissen (2003)

Schöne-Seifert, Einführung in die Medizinethik, Münster 2009, veröffentlicht unter https://www.medizin.uni-muenster.de/uploads/media/ethik_2009.pdf; zuletzt abgerufen am 23.03.2022, zit.: *Schöne-Seifert*, Medizinethik (2009)

Schwarze (Hrsg), EU-Kommentar, 4. Auflage, Baden-Baden 2019, zit.: *Bearbeiter* in Schwarze, EU-Kommentar (2019)

Sternberg-Lieben, COVID-19-Pandemie, Triage und Grenzen rechtfertigender Pflichtenkollision, MedR 2020, 627-637, zit.: *Sternberg-Lieben*, MedR 2020, 627

Stöger, COVID-19 im Alten- und Pflegeheim: Das Präventionskonzept und seine Grenzen (II), RdM 2022, 93-98, zit.: *Stöger*, RdM 2022, 93

Turing, Computing Machinery and Intelligence, in Parsing the Turing Test, Amsterdam 2007, 23-65, zit.: *Turing*, Machinery and Intelligence (2007)

Urbanz, Schwangerschaftsabbruch als Grundrechtskonflikt – Verfassungsrechtliche Problematik des Abtreibungsstrafrechts – Linz 2018, zit.: *Urbanz* Schwangerschaftsabbruch (2018)

Von der Pfordten, Normativer Individualismus, veröffentlicht unter https://www.information-philosophie.de/?a=1&t=8235&n=2&y=1&c=1; zuletzt abgerufen am 23.03.2022, zit.: *Von der Pfordten*, Normativer Individualismus.

Von der Pfordten/Kähler, Rechtsethik, 2. Auflage, München 2011, zit.: *Von der Pfordten*, Rechtsethik (2011)

Von der Pfordten/Kähler, Normativer Individualismus in Ethik, Politik und Recht, Tübingen 2014, zit.: *Von der Pfordten/Kähler*, Normativer Individualismus (2014)

Wallner, Gewissensfreiheit in der Apotheke – Rechtsethische Analyse eines gesundheitsethischen Problems, in System - Verantwortung - Gewissen in der Medizin, hrsg von Wolfgang Kröll und Walter Schaupp, Schriftenreihe der Medizin, Band 36, Wien 2013, zit.: *Wallner* in Kröll/Schaupp, Gewissen (2013)

Wallner, Die richtigen Worte für medizinische Entscheidungen am Lebensende finden, Wiener Klinische Wochenschrift 2008, 647-651, zit.: *Wallner*, Wiener Klinische Wochenschrift 2008, 647

Wallner, Gewissensfreiheit in der Apotheke – Rechtsethische Analyse eines gesundheitsethischen Problems –, Ethik in der Medizin (EM) 2010, 117-130, zugleich veröffentlicht unter https://www.researchgate.net/publication/225831124_Gewissensfreiheit_in_der_Apotheke; zuletzt abgerufen am 28.04.2022, zit.: *Wallner*, EM 2010, 117

Wallner, Gewissensfreiheit in der Apotheke – Rechtsethische Analyse eines gesundheitsrechtlichen Problems –, *Ethik med* 2010, 117-130, zit.: *Wallner*, in *Ethik med* 2010, 117

Wallner, Grenzen der ärztlichen Behandlungspflicht, Sonderheft Gmundner Medizinrechtskongress 2017, RdM 2017, 212-217, zit.: *Wallner,* RdM 2017, 212

Wicclair, Conscientious objection in Health Care, 25-41, CQHCE Vol. 26 (2017), 7-17; veröffentlicht unter https://pubmed.ncbi.nlm.nih.gov/27934564/; zuletzt abgerufen am 24.03.2022, zit.: *Wicclair,* CQHCE 2017, 7

Wicclair, Conscientious objection in medicine, Bioethics 2000 Vol. 3 (2000), 205-227; veröffentlicht unter https://pubmed.ncbi.nlm.nih.gov/11658133/; zuletzt abgerufen am 24.03.2022, zit.: *Wicclair,* Bioethics 2000, 205

Wiesing/Ach/Bormuth/Marckmann, Ethik in Medizin, Stuttgart 2000, zit.: *Wiesing/Ach/Bormuth/Marckmann,* Ethik in Medizin (2000)

Ziegler, Mein Kopf gehört mir – Das Ende der Therapiefreiheit –, GesR 2021, 483-489, zit.: *Ziegler,* GesR 2021, 483

ABKÜRZUNGSVERZEICHNIS

ABGB	Österreichisches Allgemeines bürgerliches Gesetzbuch, Stand in 10.09.2021, BGBl I 175/2021
Abl	Amtsblatt
Abs	Absatz
Abt.	Abteilung
ÄrzteG	Bundesgesetz über die Ausübung des ärztlichen Berufes und die Standesvertretung der Ärzte (Ärztegesetz 1998, ÄrzteG 1998), BGBl I Nr. 169/1998 idF 172/2021
AEUV	Konsolidierte Fassung des Vertrages über die Arbeitsweise der Europäischen Union (AEUV), Abl (EU) C 115/47 v. 09.05.2008
AKKM	Aigner/Kletecka/Klitečka-Pulker/Memmer, Handbuch Medizinrecht für die Praxis, Loseblatt-Kommentar
Art	Artikel
ASlg.	Amtliche Sammlung wiederverlautbarter österreichischer Rechtsvorschriften
Az	Aktenzeichen
B	Beschluss
Bd	Band
BG	Bundesgesetz
BGB	Bürgerliches Gesetzbuch der Bundesrepublik Deutschland
BGBl	Bundesgesetzblatt (Jahrgang, Band und Seite) - für die Republik Österreich (1920-1934 I und ab 1945) - für den Bundesstaat Österreich (1934 II bis 1938)
BGH	Bundesgerichtshof der Bundesrepublik Deutschland
BioMedÜ	Übereinkommen des Europarats zum Schutz der Menschenrechte und der Menschenwürde im Hinblick auf die Anwendung von Biologie und Medizin v. 04.04.1997
BMJCR	BMJ Clinical Research
BR	Bundesrat
BT-Drucks.	Drucksache (n) des Deutschen Bundestages
BVerfG	Bundesverfassungsgericht
BVerfGE	Amtliche Sammlung der Entscheidungen des Bundesverfassungsgerichts (Band und Seite)
BVerwG	Bundesverwaltungsgericht
BVerwGE	Entscheidungen des Bundesverwaltungsgerichts (amtliche Sammlung, Jahr und Seite)
B-VG	Bundes-Verfassungsgesetz, BGBl 1/1930 idF I 235/2021
ca.	circa
CELEX	Communitatis Europeae Lex (ehemalige Datenbank der Europäischen Gemeinschaft, nunmehr EUR-Lex)
COVID	Corona Virus Desease 2019
COVID-19-IG	Bundesgesetz über die Impfpflicht gegen COVID-19 (COVID-19-Impfpflichtgesetz), BGBl I 4/2022
CQHCE	Cambridge Q Health Care Ethics
CT	Computertomographie
DentG	Bundesgesetz über den Dentistenberuf (Dentistengesetz, DentG); BGBl 1949/90 idF 155/2005
dh.	das heißt

DNA	Desoxyribonukleinsäure
dStGB	Deutsches Strafgesetzbuch idF der Bekanntmachung 13.11.1998 (BGBl I 3322), zuletzt geändert durch Art 2 des Gesetzes v. 22.11.2021
EBM	Evidence-based medicine
EG	Europäische Gemeinschaft
EGRC	Charta der Grundrechte der Europäischen Union (2000/C 364/01)
EM	Ethik in der Medizin (Zeitschrift, Jahrgang und Seite)
EMA	European Medicines Agency (Europäische Arzneimittel-Agentur)
EMRK	Europäische Menschenrechtskonvention
Etc.	et cetera
EU	Europäische Union
EUP	Europäisches Parlament
EUP-Res. 1763	Resolution des Europäisches Parlaments Nr. 1763 v. 07.10.2010
EUV	Vertrag über die Europäische Union
e.V.	Eingetragener Verein
f	Die/der folgende
FCC	Französischer Code Civil
ff	Die/der folgenden
FMedG	Bundesgesetz betreffend Regelungen über die medizinisch unterstützte Fortpflanzung (Fortpflanzungsmedizingesetz – FMedG); BGBl Nr. 275/1992 idF I 58/2018
FUL	Fordham Urban Law (Zeitschrift, Jahrgang und Seite)
G	Gesetz
GCP	Regeln über eine Gute klinische Praxis *(Good Clinical Practice)*
GBlÖ	Gesetzesblatt für das Land Österreich
GesR	Gesundheitsrecht (Zeitschrift, Jahrgang und Seite)
Ggf.	gegebenenfalls
GuKG	Bundesgesetz über Gesundheits- und Krankenpflegeberufe (Gesundheits- und Krankenpflegegesetz, GuKG), BGBl I 108/1997 idF I 15/2022
GV	Gewissensvorbehalt (e)
HebG	Bundesgesetz über den Hebammenberuf, BGBl 310/1994 idF I 105/2019
Hrsg	Herausgeber/ herausgegeben von
IdF	In der Fassung
idR	in der Regel
iFamZ	Interdisziplinäre Zeitschrift für Familienrecht
i.H.v.	in Höhe von
IPS	Individualisierung, Pluralisierung und Säkularisierung
iSd	Im Sinne der/ im Sinne des
ISR	Recht auf individuelle Selbstbestimmung iSd Art 8 Abs 1 iVm Art 1 EGRC
IVF	In-Vitro-Fertilisation
iVm	In Verbindung mit

JAP	Juristische Ausbildung und Praxisvorbereitung (Zeitschrift, Jahr und Seite)
JMG	Journal für Medizin- und Gesundheitsrecht (Zeitschrift, Jahr und Seite)
JUU	Journal für Urologie und Urogynäkologie (Zeitschrift, Jahr und Seite)
KAKuG	Österreichsisches Bundesgesetz über Krankenanstalten und Kuranstalten, BGBl Nr. 1/1957 idF I 20/2022
KI	Künstliche Intelligenz
Kap.	Kapitel
LG	Landesgesetz, Landgericht
LGBl.	Landesgesetzblatt
LGVBl.	Landesgesetz- und Verordnungsblatt
Lit	Litera (Buchstabe)
MaaS	Medicine as a service
MBl.	Ministerialblatt
MGD	Medizinische Gesundheitsdienstleitung (en)
MGP	Molecular-guided therapy
MedR	Medizinrecht (Zeitschrift, Jahrgang und Seite)
Medstra	Zeitschrift für Medizinstrafrecht (Zeitschrift, Jahrgang und Seite)
MoPeG	Deutsches Gesetz zur Modernisierung des Personengesellschaftsrechts
Mrd.	Milliarden
m-RNA	Messenger Ribonucleic-Ace
MRT	Magnetresonanztomographie
NEngl J Med	New England Journal of Medicine
N.F.	Neue Fassung
NGO	Non-governmental Organization (s)
N.N.	Nomen nominandum
NJW	Neue Juristische Wochenschrift (Zeitschrift; Jahrgang und Seite)
NR	Österreichischer Nationalrat
Nr.	Nummer
Öarr	Österreichisches Archiv für Recht und Religion
OGH	Oberster Gerichtshof der Bundesrepublik Österreich
PatRG	Deutsches Bundesgesetz zur Verbesserung der Rechte von Patientinnen und Patienten (Patientenrechtegesetz), BT-Drucks. 17/10488 v. 15.08.2012, 1.
PatVG	Österreichisches Bundesgesetz über Patientenverfügungen (Patientenverfügungs-Gesetz, PatVG), BGBl I Nr. 55/2006 idF I 12/2019
PID	Präimplantationsdiagnostik
PThG	Bundesgesetz v. 07.06.1990 über die Ausübung der Psychotherapie (Psychotherapiegesetz) BGBl Nr. 361/1990 idF I 23/2020
RdM	Recht der Medizin (Zeitschrift, Jahrgang und Seite)

RL	(EG-/EU-) Richtlinie
Rn.	Randnummer
Rz.	Randzahl
S.	Seite (n)
SanG	Bundesgesetz über Ausbildung, Tätigkeiten und Beruf der Sanitäter (Sanitätergesetz, SanG); BGBl I 30/2002 idF BGBl I 253/2021
SDM	Shared decision model
Slg.	Sammlung
Sog.	sogenannte/ sogenannter/ sogenanntes
SARS	Severe acute respiratory syndrome-related
SARS-Cov2	Severe acute respiratory syndrome-related Corona Virus 2
StGB	Bundesgesetz v. 23.01.1974 über die mit gerichtlicher Strafe bedrohten Handlungen (Strafgesetzbuch – StGB), BGBl 60/1974 I 242/2021
StGBl.	Staatsgesetzblatt (1918-1920 und 1945)
StGG	Staatsgrundgesetz v. 21.12.1867 über die allgemeinen Rechte der Staatsbürger für die im Reichsrat vertretenen Königreiche und Länder; RGBl. 142/1867 idF 684/1988
StVfG	Österreichisches Bundesgesetz, mit dem ein Sterbeverfügungsgesetz erlassen und das Suchtmittelgesetz sowie das Strafgesetzbuch geändert werden (Bundesgesetz über die Errichtung von Sterbeverfügungen, Sterbeverfügungsgesetz)
Tz.	Textziffer
UNESCO-Deklaration	Allgemeine Erklärung über das menschliche Genom und Menschenrechte vom 11.11.1997
v.	vom/ von
VBl.	Verordnungsblatt
VfA	Verband Forschender Arzneimittelhersteller
VfGH	Österreichischer Verfassungsgerichtshof
Vgl	Vergleiche
VO	(Rechts-)Verordnung
Vs.	Versus
VSD	Vorsorgedialog
VwG	Verwaltungsgericht
VwGH	Verwaltungsgerichtshof
WHO	World Health Organization (Weltgesundheitsorganisation)
WMA	World Medical Association
www	World Wide Web
Z	Ziffer
ZfME	Zeitschrift für medizinische Ethik (Zeitschrift, Jahrgang und Seite)
ZWF	Zeitschrift für Wirtschafts- und Finanzstrafrecht (Zeitschrift, Jahrgang und Seite)
Zit.	Zitiert
ZP	Zusatzprotokoll
ZRP	Zeitschrift für Rechtspolitik (Zeitschrift, Jahr und Seite)

In dieser Darstellung verwendete Abkürzungen, soweit sie im vorliegenden Abkürzungsverzeichnis nicht ausdrücklich und im Einzelnen aufgeführt sind, entsprechen denjenigen von Dax, Peter/ Hopf, Gerhard (Hrsg)/ *Maier, Elisabeth:* Abkürzungs- und Zitierregeln (AZR), 7. Auflage, Wien 2012.

RECHTSPRECHUNGSVERZEICHNIS

Die Entscheidungen sind abrufbar unter https://www.ris.bka.gv.at respektive https://rdb.manz.at/document/ris; alle Entscheidungen zuletzt abgerufen am 28.04.2022

Entscheidungen des VfGH:

VfGH 11.12.2020, G139/2019 (G139/2019-71)

VfGH 04.10.2018, G 48/2018

VfGH 27.11.2013, B1168/2012

VfGH 09.03.2011, G287/09;

Entscheidungen des OGH:

OGH 20.02.2020 6 Ob 17/20y

OGH 19.12.2019, OGH 6 Ob 238/19x

OGH 18.12.2019, 5 Ob 179/19p

OGH 17.12.2019, 2 Ob 62/19k

OGH 28.08.2019, OGH 13 Os 49/19h

OGH 22.03.2018, 4 Ob 208/17t

OGH 16.06.2016, 12 Os 40/16y

OGH 15.06.2016, 4 Ob 96/16w

OGH 25.02.2016, 9 Ob 76/15i

OGH 31.08.2015, 2 Ob 148/15a

OGH 17.09.2014, 7 Ob 143/14a

OGH 23.04.2014, OGH 10 Ob S 26/14t

OGH 21.02.2013, 9 Ob 32/12i

OGH 22.06.2011, 2 Ob 219/10 K

OGH 04.08.2009, 9 Ob 64/08i

OGH 07.07.2008, 6 Ob 286/07p

OGH 07.03.2006, 5 Ob 165/05h

OGH 23.03.2000, 10 Ob 24/00b

OGH 27.10.1998, 11 Os 83/98

OGH 11.11.1997, 7 Ob 355/97z

OGH 19.12.1991, OGH 12 Os 139/91

OGH 25.01.1990, 7 Ob 727/89

OGH 07.02.1989, 1 Ob 713/88

OGH 28.08.1973, OGH 12 Os 57/73

OGH 21.3.1972, 12 Os 239/71

Entscheidungen des UVS Wien:

UVS Wien 30.01.2012, UVS-06/9/2829/2010-23

Entscheidungen des BVerfG:

BVerfG 26.02.2020, 2 BvR 2347/15 etc.; BVerfGE 153, 182 ff

BVerfG 23.03.1960, 1 BvR 216/51; BVerfGE 11, 30

BVerfG 04.06.1985, 2 BvR 1703, 1718/83, 856/84; BVerfGE 70, 138

BVerfG 11.04.1972, BvR 75/71; BVerfGE 33, 23

Entscheidungen des BVerwG:

BVerwG 21.06.2005, 2 WD 12.04; BVerwGE 127, 302

CPSIA information can be obtained
at www.ICGtesting.com
Printed in the USA
LVHW100310101222
734929LV00004B/121